Mathias Jung

Wie der Himmel sich öffnet

Die blutflüssige Frau/
Die Tochter des Jairus

Eine Bibelinterpretation
nach Walther H. Lechler

Reformation

Im Bauch der Pyramide tief begraben,
In einer Mumie schwarzer Totenhand
War's, dass man alte Weizenkörner fand,
Die dort Jahrtausende geschlummert haben.

Und prüfend nahm man diese seltnen Gaben
Und warf sie in lebendig Ackerland,
Und siehe da! Die goldne Saat erstand,
Des Volkes Herz und Auge zu erlaben!

So blüht die Frucht dem späten Nachweltskinde,
Die mit den Ahnen schlief in Grabes Schoß;
Das Sterben ist ein endlos Auferstehn.

Wer hindert nun, dass wieder man entwinde
Der Kirche Mumienhand, was sie verschloss,
Das Korn des Wortes, neu es auszusäen?

Gottfried Keller

Mathias Jung

Wie der Himmel sich öffnet

Die blutflüssige Frau/ Die Tochter des Jairus

Eine Bibelinterpretation
nach Walther H. Lechler

ISBN 3-89189-092-3

1. Auflage 2002

Umschlaggestaltung: Martin Gutjahr-Jung

Gesamtherstellung: Kösel, Kempten

Inhalt

Begegnung mit Walther H. Lechler

Gelächter. Bewegung. Ergriffenheit. Walther Helmut Lechler spricht. Der Chefarzt der Psychosomatischen Klinik Bad Herrenalb im Stadtteil Kullenmühle. Etwa siebzig Zuhörer lauschen hingerissen. Der sonnengebräunte gut aussehende Mann spricht über ein biblisches Gleichnis. Ich bin misstrauisch bis in die letzte Zelle meines Körpers.

Salbungsvolle religiöse Reden über den Herrn Jesus hängen mir, mit Verlaub gesagt, zum Hals heraus. Damit haben mich als Kind und Jugendlichen schon die Jesuiten im Internat gelangweilt. Sie haben mich damit aber auch gepeinigt. Denn sie übermittelten mir die angeblich „göttliche“ Botschaft:

Du, kleiner Mathias, bist ein Sack voller Sünden, ein Taugenichts. Entschuldige dich für deine Existenz. Ein Schulversager bist du auch noch. Gott missbilligt dich. Wenn du wieder einmal mit einer Todsünde herumläufst, ohne rechtzeitig ge-

beichtet zu haben, und dich ein Auto totfährt, dann landest du in der Hölle, für immer und auf ewig!

Und jetzt dieser verrückte Arzt, dieser Lechler mit seiner Predigt! Doch irgendetwas ist anders, als ich es damals in der Bibelbelehrung erlebte. Verdammt, krieche ich ihm etwa auf den Leim? Aber dieser Walther, wie er liebevoll von allen Patienten genannt wird, spricht von der Einsamkeit des Menschen, seiner abgrundtiefen Not, seinen Minderwertigkeitskomplexen, seinen Süchten und Sehnsüchten, seiner Erlösungsbedürftigkeit. Wie gut ich das von mir kenne!

Walther mit seinem Charisma und seiner strömenden Warmherzigkeit spricht von der Begegnung im biblischen Gleichnis, einer liebevollen Berührung, die uns aus dem bleiernen Schlaf der Selbstabwertung, Sinnlosigkeit und Selbstvergessenheit zur Fülle des Lebens weckt.

Ich fühle mich so verkopft. Ich kann mich nicht annehmen. Trotz meiner akademischen Ausbildung und meines beruflichen Erfolgs fühle ich mich innerlich leer, klein und ungeliebt. Manchmal möchte ich das Leben wegwerfen. Jetzt kommen mir die Tränen. Dieser Bursche mit seinem Jesus hat mich voll erwischt. Dabei erdrückt er mich nicht, wie früher die Jesuiten, mit mächtigen und einschüchternden Vokabeln wie „Gottessohn", „Kreuzestod", „Schuld", „Sünde", „Hölle". Nein, er spricht von diesem Mann aus Nazareth als einem ungewöhnlichen Menschen, der anderen zur inneren Freiheit verhilft.

Lechler bekennt entwaffnend freimütig: „Ich habe das wahnsinnige Vertrauen, dass die Kraft, die mich geschaffen hat, weiter auch alles für mich bereit hat."

Ich bin von meinem Studium her Philosoph. Ich bin ein Freigeist und werde es bleiben. Aber die irdische Botschaft von Walther, dieses *instant hope*, das Recht auf sofortige Hoffnung, erwärmt mich bis ins Herz.

Meine Begegnung mit Walther in Herrenalb ereignete sich im Frühjahr 1985. Ich habe ihn seither noch oft gehört. Ich habe alle seine Aufsätze und Bücher gelesen, alle seine Kassetten in mich aufgenommen und nicht wenige seiner Rundfunkgespräche erlebt. Ich war immer wieder hingerissen. Ich fühlte mich ermuntert, getröstet, gestärkt. Das ist zahllosen

Menschen, die ihn in kleiner Runde oder im Rundfunk erlebten, ähnlich ergangen. Das behaupte ich nicht einfach. Das weiß ich aus zahllosen Gesprächen mit „Walther-Fans". Der Mann verzaubert sie. Er spricht sie aus der Tiefe an.

Ich weiß es auch von dem großen Ganzheitsarzt Dr. Max Otto Bruker, an dessen Gesundheitszentrum in Lahnstein ich als Psychotherapeut arbeite: Wenn Walther H. Lechler im Südwestfunk eine Sendung hatte, in der ihn seelisch bedrängte Menschen anrufen konnten, durfte Dr. Bruker nicht gestört werden. Er kroch förmlich in das Radio hinein, um sich keinen Satz seines Kollegen entgehen zu lassen. *Er ist großartig*, sagte er.

Wer ist Walther H. Lechler? Er wird 1923 als Sohn evangelischer Eltern in der katholischen Metropole Würzburg geboren. Er erlebt eine strenge christliche Erziehung, mit der er sich als Erwachsener kritisch auseinandersetzt. Walther H. Lechler: *1929/30 herrschte in Würzburg gewissermaßen so ein „kleines Belfast". Als ich eingeschult wurde, riefen die katholischen Kinder den evangelischen „Lutherscheißer" nach und die evangelischen riefen zurück „Kuttenbrunzer". Die Toiletten an der Schule waren getrennt. Da pisste man katholisch und evangelisch. Katholische Eltern haben meine Eltern aufgesucht und ihnen untersagt, dass wir mit ihren Kindern spielen. Als ich dem Jesuitenpater Jean du Rivau aus Paris dies später erzählte, sagte er: „In Bayern wurdet ihr doch schon immer vom Klerofaschismus regiert." Nach dem Krieg ging es genauso weiter.*

Als Seelenarzt muss Walther Lechler sich immer wieder mit den *ekklesiogenen Neurosen*, den Kirchenschädigungen seiner Patienten, therapeutisch beschäftigen.

Der junge Lechler erlebt das Grauen des Zweiten Weltkrieges. Dies lässt ihn zum Pazifisten werden. Im Sinne der Völkerverständigung studiert er ab 1949 als einer der damals ganz wenigen Deutschen Medizin in Paris. Er beschließt seine Ausbildung mit einer ungewöhnlichen, reich bebilderten, heute noch lesenswerten Dissertation über Philippe Pinel, dem Begründer der modernen Psychiatrie. Nach den obligatorischen ärztlichen Ausbildungsphasen in Deutschland tritt Walther H. Lechler als Militärarzt in die US-Armee ein.

Dort prägt den Pazifisten nicht das Kriegshandwerk, sondern die Begegnung mit der Bewegung der Anonymen Alkoholiker (AA), ohne je selbst Alkoholiker gewesen zu sein. In diesem Buch ist davon wiederholt die Rede. An dieser Stelle bleibt nur anzumerken: Walther H. Lechler übernimmt aus der weltumspannenden Bewegung dieser „gefallenen Kinder Gottes" wesentliche Elemente seines therapeutischen Wirkens.

Zu ihnen zählen Begriffe wie das Recht jedes Menschen auf bedingungsloses Angenommenwerden, die Notwendigkeit der Kapitulation in der Krise, das Recht auf Hilfe, die kritische Inventur des eigenen Lebens und, wie es im Zwölf-Stufen-Programm der AA (s. S. 133) heißt, das Vertrauen in eine „Höhere Macht". Vieles davon, auch das geschwisterliche *Du*, habe ich selbst in meine Arbeit der Lebensberatung, der Einzel- und Gruppentherapie übernommen.

Gegenüber einer einfühlsamen Psychotherapie, die sich oft genug in psychoanalytischer Archäologie verliert, das heißt minutiös alle Verletzungen der Vergangenheit aufspürt und den Klienten in seiner aktuellen Not allein lässt, setzt Walther H. Lechler auf etwas anderes. In der Konzeption und Vision seines *Herrenalber Modells* vertraut er auf das seelische Gesunden des Menschen in der liebenden Verbundenheit mit anderen. In seiner therapeutischen Lern- und Lebensschule, der Klinik Bad Herrenalb, gewinnt er ärztliche Mitstreiter für sein Modell.

Ähnlich wie Dr. Max Otto Bruker beklagt Dr. Lechler, dass in der Medizin wie in der Psychotherapie statt einer ursächlichen Heilbehandlung überwiegend eine symptomatische Linderungsbehandlung betrieben wird. Ursächliche Heilbehandlung bedeutet, dem leidenden Menschen zu zeigen, was ihn in die Krankheit geführt hat und welche neuen Lebensschritte er unverzüglich unternehmen muss, um zu gesunden. In der Begegnung mit Walther H. Lechler und seinen Mitarbeitern haben Tausende seelisch Leidende Hilfe erfahren und Heimat in sich selbst gefunden.

Walther H. Lechler ist ein bescheidener, demütiger Mensch. Deswegen scheut er sich auch, seine therapeutischen Bibelinterpretationen, die so unendlich viel Gutes auslösen, selbst schriftlich vorzulegen. Er hat mir erlaubt, seine Gedanken der Öffentlichkeit in dieser Form vorzustellen. Wir saßen viele Stunden in der Arbeit an den beiden biblischen Gleichnissen *Die blutflüssige Frau* und *Die Tochter des Jairus* zusammen. Ich habe ihn mit Fragen gelöchert. Was entstanden ist, spiegelt Walther H. Lechlers tiefe Gedankengänge wider. Ich habe ihn verstanden. Die Form und der Guss dieses Buches stammen von mir.

Walther H. Lechler spricht von der *ansteckenden Gesundheit* des heilen Menschen. Ansteckend ist auch Walthers warmes Lachen, seine männliche Stimme und die sprühende Lebenslust seiner blitzenden Augen. Ich danke dir, Walther.

Wunder

Sehe ich es richtig, so wollte Jesus im Neuen Testament nichts anderes tun, als dass er uns die Poesie der Liebe und des Umgangs miteinander wieder lehren wollte. Mehr im Verdacht habe ich uns, dass wir in der abendländischen Theologiegeschichte die Botschaft des Neuen Testaments immer mehr zu einer Ideologie der bürgerlichen Moral verkürzt haben.

Eugen Drewermann
in: Walther H. Lechler (Hrsg):
So kann's mit mir nicht weitergehen!
Neubeginn durch spirituelle Erfahrungen
in der Therapie

Mit den biblischen Geschichten von der *blutflüssigen Frau* und der *Tochter des Jairus* betreten wir eine Welt der Wunder. Doch wer möchte noch heute von Wundern hören. Hat die Amtskirche nicht mit Wunderheilungen, Reliquien und „Heiligen" den Begriff inflationiert und ihre Schäflein damit an die Kandare einer naiven Glaubensgefolgschaft zu legen versucht? Goethe schrieb 1791 an seinen Freund F. H. Jacobi: *Es ist erbärmlich anzusehen, wie die Menschen nach Wundern schnappen, um nur in ihrem Unsinn und Albernheit beharren zu dürfen und um sich gegen die Obermacht des Menschenverstandes und der Vernunft wehren zu können.*

Walther Lechlers amerikanischer Freund, Walter Starcke, schrieb ein Buch *It's all God.* Alles ist Gott. Er sagt darin: *Wir sind umgeben von Wundern. Wir strengen uns an, diese Wunder zu spüren und zu entdecken.* Eugen Drewermann folgert: *Mystik ist die Kunst, im eigenen Herzen die Bedeutung der Geschichten über das Göttliche so zu erfahren und zu erleben, dass man davon verwandelt wird.*

Unsere Sehnsucht, unsere Suche, unser Verlangen nach Wundern, formuliert der große indische Jesuit Anthony de Mello mit den Worten: *Die geistliche Suche ist eine Reise, die keine Entfernung überwindet.* Das scheint paradox, ist es aber nicht. Obwohl wir meist den Eindruck haben, dass wir große Entfernungen hinter uns bringen auf unserer Suche nach der Erfüllung in diesem Leben, ist die geistliche Suche eine Reise, die keine Entfernung überwindet. *Man reist von dort, wo man sich gerade befindet, dahin, wo man schon immer war: Von der Unwissenheit zur Erkenntnis. Denn man sieht jetzt zum ersten Mal, was man immer schon vor Augen hatte. Spiritualität bedeutet schließlich nur, das zu werden, was du bereits im Innersten wirklich schon bist und immer warst.*

Die Amtskirchen haben uns den köstlichen Geschmack an der Spiritualität und am Wunder eher verdorben. So wie sie sind, stehen sie Jesu Frohbotschaft im Wege. Wer hat das nicht in seinem eigenen Leben erfahren? Walther Lechler: *Ich komme aus einer strengen, wenn auch gut gemeinten christlichen Erziehung in der protestantischen Diaspora im katholischen Würzburg. In aller sogenannten christlichen Unterweisung vom Kindergottesdienst bis zum Religionsunterricht im Gymnasium ist mir nur der drohende, strafende Gott begegnet und kein liebender, verzeihender Gott. Denn auch die Kirchengemeinde hat mir die Frohbotschaft weder gezeigt noch vorgelebt. In der protestantischen Gemeinde musste jeder ununterbrochen den edlen Menschen nach außen demonstrieren. Man wurde in seinen*

Schattenseiten, seiner hellen und dunklen Ganzheit nicht angenommen. So entstehen die ekklesiogenen Neurosen, die seelischen Schäden durch kirchlichen Psychoterror.

Nicht jeder empfindet beim Besuch einer Kirche Geborgenheit. Manch einen überfällt ein Gefühl des Unbehagens an dieser Drohbotschaft, wenn er eine Kirche betritt. Die Amtskirche, mahnt Walther Lechler, gibt den Gotteshäusern oft mehr Bedeutung als den Menschen. Wie unpersönlich sind diese strengen, harten, gradlinigen Bänke, in die man Menschen hineinzwängt, ohne dass sie sich rühren dürfen. Früher standen die Menschen in den Kirchen und haben sich um den Geistlichen geschart. Oder sie haben die Stühle um den Geistlichen gerückt, um zu lauschen und zusammen zu sein. Die strenge Anordnung heute in den Kirchen verhindert, dass wir Menschen zueinander finden können. Im Kirchenraum sollte man schmausen, feiern und tanzen können. Warum dürfen wir in ihnen nicht Hochzeiten feiern, mit Wein, Tanz und Liedern?

Wo soll hier das Wunder Platz haben? Die evangelische und die katholische Kirche bewegen sich mit Siebenmeilenstiefeln auf Minderheitskirchen zu. Jedes Jahr treten zusammen über dreihunderttausend Deutsche aus beiden Kirchen aus. Ein Drittel aller Bürger ist bereits konfessionslos. Was ist aus der *ecclesia triumphans*, der triumphierenden Kirche, geworden? Der Sprecher der Katholischen Bischofskonferenz, Rudolf Hammerschmidt, macht sich keine Illusionen: *Die religiöse Dimension ist da – aber ob sich die Menschen deshalb wieder an die Kirche binden? (Die Woche, 11. 1. 2001).* Können wir das katastrophale Mitläufertum der Kirchen im Nationalsozialismus so einfach vergessen? Wann traten beide Kirchen geschlossen gegen die derzeitigen Kriegspläne und -einsätze auf, die angeblich nur dem Terrorismus gelten?

Die Kirche hatte es früh schon mit der Macht. Walther H. Lechler erinnert: *Kaiser Konstantin traf 313 aus kühlem politischem Kalkül eine der gewaltigsten und folgenschwersten Entscheidungen der Menschheitsgeschichte. Er liquidierte die revolutionärste Befreiungsbewegung, die den Himmel auf die dunkle Erde hätte bringen können, nämlich das junge Christentum. Brachte es doch die befreiende jesuanische Botschaft für jeden Menschen: „Du bist mein geliebter Sohn, meine geliebte Tochter, mein geliebtes Kind, mein geliebter Mensch."*

Konstantin erstickte diese einmalige Befreiungsbewegung teuflisch, bestialisch und mit einer infamen, alles Lebendige verachtenden Gewalt. Seine geistlichen Nachfolger errichteten mit Lug und Trug ein subtiles Terrorregime bis auf den heutigen Tag und vergossen dabei Blut und Tränen unzählbarer Unschuldiger in den Kreuzzügen, der Inquisition und den Religionskriegen.

Die ursprüngliche Frohbotschaft „Du bist der geliebte Mensch" wurde zur Drohbotschaft „Du bist in Sünde geboren". Damit erpressten die Kirchen die Massen im Bündnis von Thron und Altar. Das römische Wort „panem et circences", Brot und Spiele, ist ungebrochen gültig, leitet sich doch der Begriff „Kirche" von „Circus" ab! Wann wachen wir endlich auf?

Die Kirche, so Lechler, *wechselte damit auch die gesellschaftlichen Fronten. In den ersten drei Jahrhunderten der Kirchengeschichte richtete sich das Evangelium überwiegend an „die kleinen Leute" der Unterschichten. Die Oberschichten bekämpften die Bewegung der Christen und verfolgten sie bis in den Tod. 313 erklärte Kaiser Konstantin das Christentum zu einer etablierten Reli-*

gion im Römischen Reich und machte sie damit zur Ideologie der herrschenden Klasse. Der soziale Gedanke der Bergpredigt, der aufrührerische „urkommunistische" Impuls der frühchristlichen Bewegung, wurde als ketzerisch gebrandmarkt und weitgehend ausgelöscht. Die neue Staatskirche gab Jesus den endgültigen Todesstoß.

Allerdings ist der revolutionäre jesuanische Funke bis heute nie ganz erloschen. In den rebellischen christlichen Bewegungen der Katharer, der Albingenser, der Waldingenser, der franziskanischen Bettelmönche, der Wiedertäufer bis hin zu den Arbeiterpriestern und der lateinamerikanischen Befreiungstheologie der Moderne formiert sich das unzerstörbare religiöse Bekenntnis der ursprünglichen Gleichheit, Freiheit und Brüderlichkeit.

Die konstantinische Wende von der Kirche der Liebe und der Unterdrückten zur erbarmungslosen Staatskirche brandmarkte schon der heilige Hilarius im fünften Jahrhundert. Nicht mehr die Christenverfolger und Blutsäufer wie der Kaiser Nero mit ihrem Verfolgungswahn gegen die Christen seien der Feind, sondern die verführerische Macht *mitten* im Christentum.

Hilarius formulierte Klartext: *Statt dessen bekämpfen wir heute einen gefährlicheren Verfolger, einen Feind, der uns schmeichelt, nämlich den mächtigen römischen Kaiser. Er verwundet uns nicht mehr unseren Rücken, sondern er behängt unsere Brust mit Orden. Er konfisziert unsere Güter nicht, sondern im Gegenteil, er beschenkt uns. Er zwingt uns nicht, wirklich frei zu werden, indem er uns einsperrt, sondern er schickt uns in die Sklaverei, indem er uns in seinem Palast ehrt. Er greift uns nicht aus dem Rückhalt an, aber er nimmt Besitz von unserem Herzen. Er haut uns nicht mit dem Schwert den Kopf ab, aber er tötet unseren Geist mit Gold. Er bedroht uns nicht offiziell mit dem Scheiterhaufen, aber er entzündet insgeheim die Höllenfeuer. Er führt keine Schlacht, damit er nicht selbst eine Niederlage erleidet, sondern er betet unseren Christus an, damit er ungehindert herrschen kann. Er bestätigt Christus, um ihn in Wirklichkeit zu leugnen. Er verkündet Einheit, aber verhindert Gemeinschaft.*

Wenn die Hamburger Bischöfin Maria Jepsen fordert, die Kirchen sollten sich *gegenwartsfroh* geben, so ist es wohl genau dieser hierarchische Apparat beamteter Kirchenfunktionäre, der das Wunder der christlichen

Botschaft am nachhaltigsten verhindert. Die Kirche als die Gemeinschaft aller erwachten Menschen gab es schon immer und gibt es noch. Da bedarf es keiner theologischen Konstrukte und keiner machtvollen Hierarchie und keiner im Lehramt unfehlbaren päpstlichen Person, die uns lenken und leiten. Es bedürfte einer satzungsfreien Kirche, die keine registrierten und kirchensteuerpflichtigen Mitglieder braucht. Eine an Walther Lechler übermittelte befreiende Botschaft lautet in fünfundzwanzig klaren Sätzen so:

Die Kirche der Liebe

1. *Sie hat keine Struktur, nur Verstehen/Verständnis.*
2. *Sie hat keine Mitgliedschaft, außer denen, die wissen, dass sie dazugehören.*
3. *Sie hat keine Rivalen, weil sie sich nicht durchzusetzen trachtet.*
4. *Sie hat keinen (Macht-)Anspruch (Ehrgeiz), sondern sucht nur zu dienen.*
5. *Sie kennt keine Grenzen, denn Nationalismen sind lieblos.*
6. *Sie besitzt nichts Eigenes, weil sie alle Gruppen und Religionen bereichern will.*

7. *Sie erkennt alle großen Lehrer aller Zeiten an, welche Zeugnis von der Wahrheit der Liebe gegeben haben.*
8. *Diejenigen, die teilnehmen, praktizieren die Wahrheit der Liebe; in allem, was sie sind.*
9. *Keine Lebensweise oder Nationalität ist ein Hemmnis. Diejenigen, die drin sind, wissen es.*
10. *Sie versucht nicht zu lehren/predigen, sondern nur zu sein und durch dieses Sein zu bereichern.*
11. *Sie erkennt, dass in der Art wie wir sind, die anderen um uns auch sein mögen, weil wir von dieser Art sind.*
12. *Sie sieht die ganze Erde als ein Wesen, von dem wir ein Teil sind.*
13. *Sie weiß, dass die Zeit der großen Wende gekommen ist, der letzten alchemistischen Umwandlung des Egos zur freiwilligen Rückkehr in die Ganzheit.*
14. *Sie verkündet sich nicht mit lauter Stimme, sondern in den stillen Bereichen der Liebe.*
15. *Sie grüßt ehrerbietig all die Wegbereiter der Vergangenheit, die dafür ihren Preis bezahlt haben.*
16. *Sie lässt keine Hierarchie oder Struktur zu, denn niemand ist größer als ein anderer.*

17. Ihre Mitglieder werden einander an ihren Taten und an ihrem Sein erkennen und an ihren Augen und an keinem weiteren äußeren Merkmal als an dem der brüderlichen Umarmung.

18. Jede und jeder von ihnen werden ihr Leben in der stillen Liebe an die Nächsten, die Umwelt und die Erde widmen, während sie ihrer Aufgabe (Tagewerk) nachgehen, wie bedeutend und gering sie auch sein möge.

19. Für sie ist der große Plan vorrangig, der nur verwirklicht werden kann, wenn die Menschheit in allem, was sie tut, der Liebe Vorrang gibt.

20. Sie verspricht keine Belohnung, weder hier noch in der nächsten Welt, außer der unverlöschenden Freude des Seins und des Liebens.

21. Jede und jeder sollen danach trachten, das Verstehen untereinander voranzutreiben, im Verborgenen Gutes zu tun und nur durch das Beispiel zu lehren.

22. Sie werden ihre Nächsten, ihre Gemeinde und unsere Erde heilen.

23. Sie werden keine Furcht und keine Schande (Scham) kennen und ihr Zeugnis wird sich gegen alle Widerstände verbreiten.

24. *Sie hat kein Geheimnis, kein Arkanum, keine Einweihung, außer dem wahren Verständnis der Kraft der Liebe und dass – wenn wir es wollen – die Welt sich verändern kann, aber nur, wenn wir erst uns selbst ändern.*
25. *Alle, die sich zugehörig fühlen, gehören dazu; sie gehören zur Kirche der Liebe!*

Seit Jahren, beobachtet Walther Lechler, ereignet sich dieses Wunder unter unseren Augen, diese *Bewegung der Liebe*, der sich immer mehr spirituelle Menschen verbunden fühlen, jenseits aller theologischen Dogmatik und geschichtlichen Glaubenskriege, die Millionen von Menschen das Leben kostete. Immer wieder entdecken Menschen Jesus als Wahlverwandten, als Fleisch von ihrem Fleische, als einen hellwachen, wärmespendenden und frohmachenden außerordentlichen Menschen. Der theologische Konstrukt nennt Jesus *Gottes Sohn*, der durch Gott in Maria, die Gebenedeite und Reine, gezeugt wurde. Schon Goethe warnte vor dieser blutleeren Vergöttlichung des Mannes aus Nazareth. Im *West-Östlichen Diwan* schrieb er:

Jesus fühlte rein und dachte
Nur den Einen Gott im Stillen;
Wer ihn selbst zum Gotte machte
Kränkte seinen heilgen Willen.

Der gleiche Goethe bemerkte übrigens gegenüber Eckermann 1828: *Käme Jesus, man würde ihn zum zweiten Mal kreuzigen.* Was die unsichtbaren Mitglieder der *Bewegung der Liebe* heute begreifen, sagt Lechler, ist: *Wir sind alle Gottes Söhne und Töchter. Gott hat sich nichts Schöneres ausdenken können, als uns zu schaffen. Jesus war einer der aufgewachten Gotteskinder. Auch vor ihm gab es bereits viele aufgewachte Gotteskinder. Das leugnen die Amtskirchen, weil es ihnen um die Priorität des sogenannten Christentums geht, einer machtvollen Institution, die sich in dieser Welt behaupten will.*

Das zweite Wunder, das wir heute erleben, ist die völlig neue Art der Begegnung mit der Bibel, die sich seit dem letzten Jahrhundert immer stärker durchzusetzen beginnt. Den entscheidenden Anstoß erhielt Walther Lechler aus den Büchern *Leben – das große Abenteuer* und *Zuhören können* von Paul Tournier. Der verstorbene Genfer Internist, Psychotherapeut und Denker erwähnt, dass der französische Jesuit J. Daniélou von einer besonderen Art der Bibelauslegung gesprochen habe. Daniélou nannte es Kerygma, die Botschaft, dass etwas Entscheidendes geschieht. Er wollte biblische Texte nicht homiletisch, also die Predigt betreffend, oder historisch, sondern *existenziell* erklären. Im Hörer sollte, während er die Bibel zu sich reden lässt, etwas passieren. Er sollte *das Buch der Bücher* nicht nur verstehen lernen, sondern seine ursprüngliche Kraft erfahren. In diesem Sinne lud Paul Tournier dazu ein, die Bibel als *Abenteuerbuch* zu entdecken: Es handelt vom Abenteuer des Einzelnen, aber auch ganzer Völker, ja der Menschheit.

Natürlich stammt diese existenzielle Bibeldeutung nicht aus einem luftleeren Raum. Der Marburger Neutestamentler Rudolf Bultmann, Mitglied der Bekennenden Kirche und Freund des Existenzphilosophen Martin Heidegger, hielt mitten im Krieg, am 21. April 1941 in Frankfurt auf einer Tagung der „Gesellschaft für evangelische Theologie", einen Vortrag über *Neues Testament* und *Mythologie*. Was er dort im kleinen Kreis scharf kritisierte und später in seinem großen Werk *Kerygma und Mythos* veröffentlichte, beeinflusste als *Bultmannsches Entmythologisierungsprogramm* maßgeblich die Theologie des 20. Jahrhunderts: *Man kann nicht elektrisches Licht und Radioapparat benutzen, in Krankheitsfällen moderne medizinische und klinische Mittel in Anspruch nehmen und gleichzeitig an die Geister und Wunderwelt des Neuen Testaments glauben*, stellte der mutige Theologieprofessor fest. *Wer meint, es für seine Person tun zu können, muss sich eines klar machen, dass er, wenn er das für die Haltung des christlichen Glaubens erklärt, damit die christliche Verkündigung in der Gegenwart unverständlich und unmöglich macht.*

Im Zuge seiner *existenziellen Interpretation* befreite Bultmann die christliche Verkündigung von einer schweren dogmatischen Last. Bultmann überzeugte unwiderleglich, dass der Mythos seine eigene Kraft hat und dass diese Wahrheit uns unter die Haut geht, wenn sie symbolisch verstanden wird. In diesem Sinn fordert Eugen Drewermann in der Einleitung seines zweibändigen Werkes *Das Markus-Evangelium* unmissverständlich: *Wesentlich auch deshalb bedarf die Exegese* (die Bibelauslegung – M. J.) ... *heute der Tiefenpsychologie, weil diese ein Modell wissenschaftlichen Erkennens anbietet, das zum Zweck personalen Verstehens gerade den Einsatz der eigenen Person mit ihren eigenen Gefühlen, Erwartungen, Interessen, Nöten und Übertragungen fordert, beschreibt und ermöglicht. Man kann einen religiösen Text nicht anders verstehen, als man einen befreundeten Menschen zu verstehen sucht: indem man sich, statt für die Ebene der Fakten und Gedanken, wesentlich für die seelische Bedeutung seiner Mitteilungen interessiert. … Was in historischer Kritik als bloße „Fantasie" erscheint, stellt sich, psychologisch betrachtet… oft genug als die einzig mögliche Weiterentwicklung und Selbstmitteilung des nur geschichtlich Vergangenen, des seelisch aber durchaus Unvergänglichen dar, und das historisch Erdichtete ist in psychologischer Sicht oft gerade als Verdichtung der wirklichen Essenz des Lebens des anderen zu verstehen.*

Der von seiner Kirche gemaßregelte katholische Priester und Psychotherapeut Drewermann kommt zu dem Schluss: *Man kann die Bibel nicht verstehen, ohne im gleichen Sinne sich selber zu verstehen, und man wird von Texten dieser Art prinzipiell nur so viel oder wenig verstehen, wie man von sich selbst verstanden hat.*

Das Christentum ist keine Lehre, sondern eine *Existenz-Mitteilung* (Sören Kierkegaard). Das ist ihr Wunder, das wir entdecken dürfen.

Hören wir zunächst die Geschichte der *blutflüssigen Frau*, wie sie uns das Markus-Evangelium in der hinreißenden Übertragung von Fridolin Stier (*Die Heilsbotschaft nach Markus, Düsseldorf 1965)* überliefert ist. Stier bietet – so Eugen Drewermann – *gegenüber allen anderen deutschen Bibelausgaben den unschätzbaren Vorteil…, dass sie das unverwechselbare Portrait eines einzelnen äußerst sensiblen und sprachgewaltigen Mannes in sich trägt, der an seinem Leben und nicht zuletzt an der bestehenden Kirche tief genug gelitten hat, um gerade zum Markus Evangelium, dieser Leidensgeschichte Gottes am Menschen und mit dem Menschen, in ein besonders inniges Verhältnis zu treten. Die Übersetzung von F. Stier wird man … Satz für Satz und Stelle für Stelle für die geglückteste Wiedergabe des griechischen Originals halten. Die Regeln, nach denen Stier übersetzte: absolute Genauigkeit in Wortwahl und Wiedergabe, möglichst Annäherung an Rhythmus und Klang der Vorgabe, keinerlei Kompromiss an die Erwartung eines glatt lesbaren Textes.*

In der Erzählung der *blutflüssigen Frau* sind Jahre und Jahrzehnte einer lebensgeschichtlichen Entwicklung zusammengefasst. Beim Lesen dieser biblischen Geschichte empfiehlt es sich, achtsam in sich hineinzuhören. Denn diese Gleichnisse spielen sich *in uns* ab, betont Lechler. In uns selbst und nicht draußen. Aber mit den Bildern von draußen wird etwas dargestellt, was sonst unsichtbar ist und uns nicht begreiflich gemacht werden kann.

Markus 5,21–34: Die blutflüssige Frau

Und als Jesus – im Boot – wieder zur Jenseite hinübergefahren war, versammelte sich viel Volk zu ihm, und er war (gerade) am „Meer“. Da kommt einer der Synagogenvorsteher, mit Namen Jairus, und als er ihn sieht, fällt er ihm zu Füßen und bittet ihn inständig, sprechend: Mein Töchterlein ist am Ende! Komm doch, leg ihr die Hände auf, damit sie gerettet wird und am Leben bleibt. Da ist er mit ihm fortgegangen. Und es folgte ihm viel Volk, und sie umdrängten ihn.

Und eine Frau – die hatte Blutfluss (schon) zwölf Jahre; viel hatte sie gelitten von vielen Ärzten, und aufgebraucht hatte sie ihren ganzen Be-

sitz, doch nichts hatte es ihr genützt, sondern eher noch schlimmer war es ihr gekommen. Wie sie von Jesus hörte, kam sie in der Volksmenge und berührte von hinten sein Gewand. Denn sie hatte sich gesagt: Wenn ich auch nur seine Gewänder berühre, werde ich gerettet sein. Und gleich ward getrocknet der Quell ihres Blutes, und sie spürte es körperlich, dass sie von der Geißel geheilt war.

Und gleich spürt Jesus innerlich, dass aus ihm die Kraft herausgegangen ist; er wandte sich in der Volksmenge um und sagte: Wer hat meine Gewänder berührt? Da sagten ihm die Jünger: Du siehst, wie die Volksmenge dich umdrängt, und da sagst du: Wer hat mich berührt? Doch er blickte um sich her, um die zu sehen, die das getan hatte. Die Frau aber, erschrocken, zitternd, da sie wusste, was ihr geschehen, kam und fiel vor ihm nieder und sagte ihm die ganze Wahrheit. Er aber sagte ihr: Tochter, dein Vertrauen hat dich gerettet. Geh hin in Frieden und sei gesund, ohne deine Geißel.

Entfremdung

Zur seelischen Gesundung führt ausschließlich die Kraft, die den Schmerz des sogenannten negativen Pols zulässt und aus dieser Erfahrung heraus die Erneuerung der Freude anstrebt. Ohne diesen Kreuzesweg gibt es keine Auferstehung … Erst durch die Verwundung wird die Sehnsucht nach Heilung mit der Tatkraft der Liebe geladen. Je intensiver der Schmerz, umso berauschender oft das Wunder der wiedergefundenen Liebe.

Jirina Prekop,
in: So kann's mit mir nicht weitergehen

Uns begegnet in diesem Gleichnis eine anonyme Frau. Sie hat keinen Namen. Können wir uns mit der Frau, die uns hier so knapp geschildert wird, identifizieren? Merken wir vielleicht, dass sie uns gar nicht so fremd ist? Zählt es überhaupt, ob es sich um eine Frau oder um einen Mann oder ein Kind handelt? Ist der Sachverhalt wichtig, dass es eine blutflüssige Frau ist? Ist die Diagnose überhaupt wichtig? Müssen wir nachforschen, um welche Krankheit es sich gehandelt haben könnte? Sicher ist nur, dass die Frau an diesem Leiden zwölf Jahre, das heißt sehr lange, gelitten hat. Weist die Krankheit vielleicht auf etwas ganz anderes hin?

Zweifellos steckt hier ein Mensch in tiefem Elend. Der Begriff Elend, sagt Lechler, weist etymologisch auf *Ausland* hin, also auf die Fremde und die Fremdheit. Die blutflüssige Frau empfand sich als ausgesondert, als fremd. Sie suchte Hilfe bei vielen Ärzten. Dabei machten diese, anstatt zu heilen, ihren Zustand nur noch schlimmer. Vermutlich ist sie bereits verarmt durch die ebenso teuren wie sinnlosen Behandlungen. Vielleicht war jedoch ihr Aufsuchen der Ärzte der einzig mögliche Kontakt für sie, um überhaupt etwas aus ihrer inneren Entfremdung und Abgesondertheit herauszutreten. Dies ist, besonders aus der Geriatrie bekannt. Für vereinsamte Rentner ist der regelmäßige Arztbesuch oft der wichtigste soziale Kontakt überhaupt, wichtiger als jede Arznei und jede Therapie. Diese

Patienten hungern nach menschlicher Begegnung und bekommen doch oft nur Pillen statt einer Antwort oder einer Umarmung, nach der sie sich sehnen.

Die blutflüssige Frau erlebte in ihrer Biografie etwas Entsetzliches: Dass sie als Frau, als wunderbares Geschöpf, das in der Lage ist, neues Leben auf diese Welt zu bringen, nicht mehr anerkannt wurde. Auf Grund einer physiologischen Erscheinung, der Blutung, die zu jeder Frau gehört, wurde sie gemieden. Die Männer deuteten ihren starken Blutfluss als *unrein*.

Vergessen wir nicht, es waren Männer, die damals ganz bestimmte Vorschriften für die *Reinheit* und *Unreinheit* der Frauen erfanden. Und es waren Frauen, die sich das gefallen ließen. Im *Leviticus 15, 25–27* erfahren wir von 630 Regeln, die die orthodoxen Priester und Schriftgelehrten dem jüdischen Glauben auferlegten. Darunter hieß es: *Wenn ein Weib den Blutfluss lange Zeit hindurch hat, nicht nur zur Zeit ihres Monatsflusses oder über die Zeit ihres Monatsflusses hinaus, so ist sie während der ganzen Zeit ihres unreinen Flusses unrein wie in den Tagen ihres Monatsflusses. Jedes Lager, auf dem sie liegt, solange ihr Fluss andauert, soll ihr gelten wie das Lager ihres Monatsflusses. Und Gerät, auf dem sie sitzt, wird unrein wie dann, wenn sie infolge des Monatsflusses unrein ist. Und wer diese Dinge berührt, der wird unrein, und er soll seine Kleider waschen und sich im Wasser baden. Und er ist unrein bis zum Abend.*

Die menstruierende Frau ist also demnach ein unreines Geschöpf. Dieser diskriminierende Aberglaube hat sich bis in das Christentum der Neuzeit erhalten. Auch im Islam wurde er tradiert. Einer der Attentäter vom 11. September 2001, Mohammed Atta, verbat sich in seinem Testament ausdrücklich die Anwesenheit einer menstruierenden Frau bei seiner Todesfeier. Hier wurde, so Lechler, etwas Lebensverachtendes in die Welt gesetzt. Das gilt nicht nur für die Frauen. Es betrifft grundsätzlich auch jeden Mann, der in dem, was er in seinem Leben an Besonderem, Individuellem verwirklichen und ausreifen lassen möchte, von den anderen nicht anerkannt wird: Weil er nicht dem Kanon der Gesellschaft entspricht, wird er als Outcast geächtet und wie ein Paria, ein Unberührbarer, gemieden.

Wie sehr hat diese Frau gelitten. Sie hat ja außer diesem äußerlich zu diagnostizierenden Blutverlust emotional einen verheerenden *seelischen Blutverlust* erlebt in ihrem Ausgestoßensein. In ihrer Einsamkeit hat sie sozusagen Blut geschwitzt. Sie hat viel Geld zu Ärzten tragen müssen. Das heißt, sie hat viele vergebliche Heilungsversuche unternommen, die es auch in unserer modernen Medizin gibt: Weil der Arzt nicht in der Lage ist, das Gesamtbild, das zum Elend des Patienten geführt hat, zu erkennen. Der Arzt müsste die unermessliche Sehnsucht des Rat suchenden Patienten begreifen, endlich einmal frei leben zu dürfen, uneingeschränkt durch Gesetze, die aus Angst und Machtwillkür entstanden sind. An diesem gesellschaftlichen Druck gehen viele Menschen zugrunde. Sie haben nicht mehr die Freiheit, sich selbst zu entfalten. Das können sich nur wenige Menschen leisten, Künstler zum Beispiel wie Salvador Dali oder Pablo Picasso. Sie durften sich auf Grund besonderer Umstände ausleben und wagten es, ihren Individualismus und ihre Schöpferkraft zu leben.

Die blutflüssige Frau musste innerlich ersticken. Sie hatte die große Sehnsucht, frei zu werden. Dagegen stand die Fülle der einengenden Vorschriften. Nun könnte man sagen, das ist alles historisch. Das Regelwerk der jüdischen Orthodoxie existiert nur noch für fundamentalistische Splittergruppen. Inzwischen hat sich so vieles geändert. Hat es sich wirklich grundsätzlich geändert? Was ist uns allen an Konditionierung, an Programmierung, an Vorschriften und Formen, an Geboten, an Verboten, mitgegeben worden, wonach wir uns absolut halten sollen, um *Gott und den Menschen* zu gefallen?

Ist es nicht ein Gott, den wir uns selbst als ein Zerrbild geschaffen haben? Trifft hier nicht das Wort des Religionskritikers und Philosophen Ludwig Feuerbach zu: *Der Mensch schuf Gott nach seinem Bilde*. Da haben wir uns einen Gott geschaffen, meint Lechler, obwohl es ein Gott war, der uns geschaffen hat. Da beten wir *dein Wille geschehe* im Vaterunser und missverstehen den Satz als die Aufforderung zum sklavischen Gehorsam.

Das Aramäische Wort *civiana* bedeutet nach Lechler jedoch nicht den Begriff Wille, den wir meinen, mit dem wir etwas durchsetzen, sondern er meint den Willen als innigsten

Wunsch des Schöpfers, der Schöpferin: Dass wir leben sollen! Wir sollen aus der Fülle dessen, das uns an Leben geschenkt worden ist, leben. Aber wie soll ein Mensch leben, der, wie die blutflüssige Frau, in seinem Leben völlig eingeschränkt, vereinsamt ist, der sich selbst nicht mehr leiden kann, ja sich hassen muss. Wie soll ein Mensch Nähe erfahren, der, wie die blutflüssige Frau, sich als unrein empfindet, weil das „Männer-Gesetz" es so auslegt, der jedem anderen eigentlich nur sagen kann, *komm mir nicht zu nahe, denn du wirst durch mich unrein*?

Wie soll ein Mensch Beziehungen anknüpfen, der, wie die blutflüssige Frau, sich selbst nicht mögen darf? Wie soll sich ein Mensch helfen, dem, wie der blutflüssigen Frau, kein einziger Arzt zu helfen vermochte?

Sind hier nicht die Ärzte mit ihrer hilflosen symptomatischen Linderungsbehandlung das Problem? Der französische Romancier Henry de Montherlant fand scharfe Worte über die hilflosen Helfer. In seinem Roman *Un assasin est mon maître*, Ein Mörder ist mein Herr, lässt er seinen Helden Exupère sagen: *Alles, was schrecklich ist, schreckt mich. Aber das Schreckliche in der Krankheit ist nicht das Leiden, sondern der Arzt.* Der traurige Held Exupère erlebt, dass es den Ärzten nur noch darum geht, seine Symptome wegzutherapieren, aber nicht mehr zu fragen, welches Sehnen, welche unerfüllten Wünsche dahinter stecken. Der Ganzheitsarzt Dr. M.O. Bruker (1909–2001) konstatiert: *Die Medizin betreibt eine symptomatische Linderungsbehandlung statt einer ursächlichen Heilbehandlung. Sie lässt Krankheiten ungehindert entstehen, um sie dann aufwendig zu reparieren.*

Das jedoch ist die jesuanische Frage: Was steckt hinter den Leidenssymptomen des Menschen? Was braucht er wirklich in seinem Leben? Die blutflüssige Frau ist alles andere als eine Exotin, ein pathologischer Fall, der mit uns nichts zu tun hat. Käme sie heute in die Sprechstunde eines ganzheitlich arbeitenden Arztes (nicht Mediziners!), untersuchte er sie, um krankhafte (Form-)Veränderungen auszuschließen. Er fragte sie nach ihrer Lebensweise, ob eventuell Medikamente (z.B. Hormone) genommen wurden, die diese Blutung auslösten. Sind alle äußeren Einflüsse ausgeschaltet, käme er auf die „innere Not" zu sprechen.

Hier geht es um unsere Krankheit schlechthin, sagt Lechler, um unser *Mangelsyndrom*. Wir leiden darunter, dass wir einfach nicht in diese Welt hineingehören. Wir werden nicht akzeptiert. Wir nehmen uns selbst nicht an. Wer hätte das nicht schon einmal gespürt? Wie oft denken wir: *Wenn die anderen nur wüssten, wie es wirklich um mich steht, dann würden sie alle davonrennen und mich allein lassen. Ich muss immer eine Rolle spielen. Ich muss den anderen etwas vormachen. Ich kann nicht das sein, was ich wirklich bin. Ich bin ausgesondert. Mich hat das Glück nicht besonders begütert. Ich habe alles das nicht mitbekommen, was andere besitzen.*

Wenn ich mich mit anderen vergleiche, dann fühle ich mich minderwertig. Ich lebe ja in einer Gesellschaft, in der sehr vieles für „unannehmbar" erklärt wird, in der eine polierte Oberfläche gewünscht wird, in der alles gestylt werden muss. In der modernen *Fun-society*, der Spaß-Gesellschaft, mit ihren ununterbrochenen *Events* und den *Promotions*, muss ich über ein *postmodernes Outfit* verfügen und ständig gut drauf sein. Auf allen Werbeflächen machen mir Models vor, wie ich eigentlich auszusehen habe. Allein in der Bundesrepublik geben wir Konsumenten jährlich rund fünfzig Milliarden Euro für Kosmetika aus. Mehr Schein als Sein, lautet unsere Parole.

Die blutflüssige Frau steht völlig im Abseits. Sie ist sprachlos geworden. Das strafende Über-Ich und der Minderwertigkeitskomplex halten sie eisern im Griff. Sie wird als *unrein* definiert und fühlt sich deshalb auch unrein. Sie verinnerlicht die grausame Aussonderung in der Gesellschaft. Unter dieser gewaltigen Belastung lebt diese Frau sehr lange.

Aber im Leiden liegt auch ihre Befreiung. Denn eines Tages hält sie es nicht mehr aus. Das ist das Wesen all dieser Leidensgeschichten. Es ist die Begegnung. In ihr begegnen wir uns selbst, dem, was wir eigentlich sind, dem Göttlichen in uns. Das Geistige in sich, was nicht sterben kann, was nie untergehen wird und was nie schlecht sein kann, was nie krank sein kann – nach dem hat sich die Frau gesehnt. Das hat sie gespürt. Das wird dargestellt in der Geschichte: Dass das, was sie eigentlich ist, daherkommt in diesem Jesus von Nazareth.

Symptome

Das Erste, was wir opfern müssen, um gesund zu werden, ist der Reichtum unserer Symptome. Symptome haben eine seelische Funktion. Sie stellen einen Kompromiss zur Lösung eines seelischen Konfliktes dar. … Nur wenn wir vor unseren Symptomen als Ausdruck einer fadenscheinigen Problemlösung kapitulieren, haben wir eine Chance, dem Leben, so wie es gedacht ist – und Symbol dafür ist das Himmelreich –, näher zu kommen.

Dr. med. Konrad Stauss,
in: So kann's mit mir nicht weitergehen!

Es fällt auf, dass es sich bei den jesuanischen Geschichten immer wieder um körperliche Symptome handelt. Da wird zum Beispiel der Hautkranke geheilt, der Gelähmte gehend, der Blinde sehend, der Blutfluss wird gestoppt. Was sagen uns diese organischen Zeichen? Der Begriff Symptom stammt aus dem altgriechischen *symptoma.* Er bedeutet wörtlich Begebenheit, Zufall, Unfall, Krankheits*erscheinung* und geht auf das altgriechische Verb *sympitein* zurück. Das bedeutet Zusammenfallen, Einstürzen, Zusammenstürzen, in einen Zustand geraten, einem Schicksal verfallen. Das heißt, es geht bei diesen Symptomen oft um *Symbole.* So handelt es sich beim Blinden im Neuen Testament zum Beispiel nicht um das physiologische Blindsein, sondern um die Blindheit, unser Menschsein nicht zu sehen, den Sinn unseres Lebens nicht zu erkennen. Wir haben „unsere Sendung" nicht erkannt. Dafür hat Jesus die Augen geöffnet – den Blinden sehend gemacht, dem Leben zugewandt.

In der biblischen Erzählung vom Blinden wird dies nach Lechler besonders deutlich. Der Blinde ist fremdbestimmt. Jeden Tag wird er von seiner Familie an den gleichen Ort geführt, wo er zu betteln hat. Er muss das tun, was die Familie und die Gesellschaftsstruktur ihm vorschreiben: sitzen, jammern, betteln. Als Jesus vorbeikommt, schreit der Blinde. Da wendet Jesus sich ihm zu. Das Großartige an der Heilung des Blinden ist, dass Jesus fragt, *was willst du, das ich dir tue.*

Diese Frage ist wichtig, denn damit erreicht Jesus, dass der Leidende wirklich ausdrückt, was er will. Dass er nicht nur sagt, er leide und das sei sein Elend, sondern dass er selbst den Kern seiner Not erkennt. Der Blinde antwortet: *Herr, dass ich sehe.* Darauf sagt Jesus: *Dein Glaube (das heißt dein Vertrauen) hat dir geholfen.* Der Blinde hat endlich *gesehen*, dass ihm die Familie nicht mehr vorschreiben darf, was er machen muss. Er erkennt, dass er frei ist, dass er selbst entscheiden kann, was für ihn richtig ist, dass er ein Mensch ist, der sich seine Ziele setzen darf und muss, dass er Kräfte in sich spürt. Er war ein Blinder. Jetzt ist er ein Sehender geworden.

Die Symptomwahl in den biblischen Gleichnissen ist nicht von ungefähr. Sie hat eine symbolische Leuchtkraft. Der Mensch ist in erstaunlich hohem Maße in der Lage, seine Organe und Funktionen nach ganz persönlichen Motiven einzusetzen. Diese liegen allerdings nicht so leicht auf der Hand. Der Sinn wird oft erst in eindringlichem Nachdenken, psychotherapeutischen Behandlungen, Träumen und der Deutung eigener Fehlleistungen erschließbar, gerade weil es nicht um die allgemeine Verwendung eines Organs, sondern um die individuelle Variante geht. Victor von Weizsäcker, der Pionier der psychosomatischen Medizin in Deutschland, erkannte: *Der Mensch bekommt seine Krankheit nicht nur, er macht sie auch. Krankheit ist Können.*

Die Sprache der Symptome ist verräterisch. Der Magenkranke konstatiert: *Ich habe so viel Ärger in mich hineingefressen.* Der Hautkranke jammert: *Rück mir nicht auf die Pelle.* Der Herzkranke verrät: *Die Scheidung hat mir das Herz gebrochen.* Doktor M. O. Bruker folgert: *Alle Krankheiten, auch die ernährungsbedingten, sind im Grunde lebensbedingt, denn dem falschen Ernährungsverhalten liegt falsches Denken, eine falsche Lebensbetrachtung, eine Missachtung der Schöpfungsgesetze zugrunde.*

Krankheit ist in ihrem Wesenskern oft Kränkung. Deshalb stellt sie uns vor entscheidende Fragen: *Weshalb bin ich gerade jetzt krank? Wie war meine Lebenssituation bei Beginn der Krankheit? Wie ging es mir damals? Was bewegte oder kümmerte mich? Kann das Kranksein mit meiner lebensgeschichtlichen Entwicklung zusammenhängen? War ich früher schon einmal in einer ähnlichen*

Situation? Welche seelische Verletzung kann dem Kranksein zugrunde liegen oder welcher unbewusste Konflikt? Welche Vorstellung habe ich darüber, wie die Krankheit entstanden ist? Weshalb bin ich in dieser Weise erkrankt? Welchen Hinweis geben mir die Symptome meiner Erkrankung? Möchte ich anders weiterleben? Bin ich bereit, mich für mein Kranksein verantwortlich zu fühlen?

André Gide erkannte: *Die Krankheiten können uns Schlüssel zu Toren sein, die wir ohne sie niemals hätten passieren können. Sie können uns Räume öffnen, die wir ohne unser Leiden nie hätten betreten können.*

In der Bibel stoßen wir immer wieder auf die eminente Bedeutung der Symptome. Das Symptom fordert uns auf, die dechiffrierte Botschaft der Seele, die darin liegt, zu entschlüsseln. Das ist Arbeit, und sie ist schmerzhaft. Sie zerstört die Selbstillusionen und konfrontiert uns mit unserer Nacktheit, unseren Ängsten, unserer Lebensverfehlung, unseren neurotischen Lebenshemmungen, unserer oft selbstgeschaffenen Entfremdung.

Der Gelähmte in der biblischen Geschichte zeigt sich, um ein Beispiel zu nennen, in seinem Vermögen gelähmt, sich selbst zu entfalten. Dabei denkt Walther Lechler an einen ruppigen Spruch aus seiner Zeit als amerikanischer Militärarzt: *On your as and on your feet, Arsch hoch und auf die Füße* – mit diesem Spruch wurden die US-Soldaten in seiner Dienstzeit geweckt. Jesus war auch nicht zimperlich. Als er den Gelähmten antrifft, der seit 38 Jahren am Teich Bethesta liegt, macht er ihm klar: *Alles, was du brauchst, hast du in dir. Ich weiß es. Du kannst jetzt deinen Arsch lüften und auf die Füße kommen.*

Verzeih, lieber Leser, diese drastische Wortwahl (sie ist O-Ton Walther), aber Jesus war kein Menschenflüsterer, sondern eine kräftige Posaune. Keiner der anderen Menschen hat dem Gelähmten je solch deutliche Worte gesagt. Stattdessen hat der Gelähmte nur gejammert, *Keiner hilft mir, in den Teich zu kommen.* Das heißt, er glaubte daran, wenn er ganz bestimmte therapeutische Techniken erfülle, dann würde er gesund (*wenn der See sich kräuselt von den Schwingen des Engels, dann muss ich hinein*). Nein, so ist es nicht! Wir haben die gewaltigen Heilungskräfte in uns. Das muss dem Betreffenden gesagt werden: *Du hast es in dir!*

Diesen Satz hätte man auch in der Klinik Herrenalb im Stadtteil Kullenmühle aufhängen können. Dort stand ein ähnlicher Spruch am Eingang der Klinik, einem alten Landgasthof. Er lautete: *Hier bekommst du nicht, was du willst, sondern was du brauchst.*

In diese „Lechler-Klinik" kamen ja gerade die „Gelähmten", „Blinden", „Aussätzigen" und „Blutflüssigen". Es waren Mutlose, Irrende, Verzweifelte, Menschen, die Suizidversuche hinter sich hatten. Suizidgedanken und Suizidversuche, vor denen so viele Frauen und Männer begreiflicherweise erschrecken, sind ja nur der stärkste Ausdruck dafür, dass ein Mensch leben will, aber anders als bisher. Da müsste jemand zu ihm kommen und sagen: *Du kommst zu diesem neuen Leben, aber nicht auf dem alten Weg.*

Walther Lechler hat es in seiner Klinik mit dem Philosophen Plato gehalten, der den hippokratischen Eid um eine wesentliche Erkenntnis bereicherte und die Ärzte mahnte: *Denn das ist der größte Fehler bei der Behandlung von Krankheiten, dass Leib und Seele allzusehr voneinander getrennt werden, wobei es doch nicht geschieden werden kann. Aber das gerade überse-*

hen die Ärzte. Darum entgehen ihnen so viele Krankheiten. Sie sehen nämlich niemals das Ganze. Dem Ganzen sollten sie ihre Sorgen zuwenden, denn dort, wo das Ganze sich übel befindet, kann unmöglich ein Teil gesund sein.

Der Mensch ist nicht nur eine Maschine, wie der französische Philosoph und Arzt La Mettrie (1709–1751) behauptete: *Der menschliche Körper ist eine Maschine, die selbst ihre Federn aufzieht (L'Homme Machine)*. Der Mensch ist ein hochkomplexes Leib-Seele-Wesen.

Die moderne Hightech-Medizin, sagt der Arzt Lechler, ignoriert die Seele, die innere Befindlichkeit, die Krise, die biografische und soziale Lage des Menschen. Mit dieser geistamputierten Medizin, die nur auf *Stahl und Strahl* setzt und Seelenkrankheiten ausschließlich mit Psychopharmaka heilen will, wird der Mensch in seiner Existenzialität nicht ernst genommen.

Das Symptom der Blutflüssigkeit bei der Frau in der biblischen Geschichte weist organsprachlich auf eine tiefere Schicht der Seelenstörung hin. Die strengen Sexualvorstellungen der damaligen Zeit waren einschüchternd. Die blutflüssige Frau wurde, so darf man mutmaßen, dadurch gehindert, ihren Eros auszuleben. Sie fühlte sich gefesselt. Da machte sie sich wohl unbewusst organisch unfähig zur Sexualität, um vor ihrer tiefen Sehnsucht nach Berührung, Zärtlichkeit und Sinnlichkeit geschützt zu sein. Ihre Krankheit stellt somit auch eine schöpferische, anpassende Leistung dar.

Körperliche Krankheiten stellen oft einen Versuch dar, mit einer seelischen Verletzung fertig zu werden, einen tiefgehenden Hunger irgendwie auszuhalten und einen unbewussten Konflikt zu überleben. Körperliches Leiden ist dann ein seelischer Selbstheilungsversuch, eine reparative Leistung. Die Krankheit der Blutflüssigkeit fungiert hier offensichtlich als Schutz vor den starken Impulsen der Frau, das, was mit diesen weiblichen Organen verbunden ist, auszuleben. Da diese Impulse nach einer gelebten Sexualität eventuell so mächtig waren, mussten auch die Blutungen so stark sein. Das ist ein Verhältnis unmittelbarer Korrespondenz. Vielleicht sehnte die Frau sich sogar danach, ihre Sehnsüchte bis zum Exzess auszuleben, was bei so viel Verzicht verständlich wäre. Die Gesellschaft mit ihren Verboten machte ihr aber genau das unmöglich.

Die blutflüssige Frau lebt in einer Gesellschaft, die Weiblichkeit und weibliche Sexualität nur wenig zulässt. Verinnerlicht die blutflüssige Frau ihre „Unreinheit“ nicht genau in dem Sinn, dass sie Sexualität als etwas Unreines und Schmutziges abwertet, um auf sie verzichten zu können? Sigmund Freud bemerkte einmal: *Hinter der Verachtung steckt das Begehren.*

Hat sich im 21. Jahrhundert nach Christus inzwischen der Eros befreit? Walther Lechler: *Ich bin eher skeptisch. Ich meine, wir haben nach der sogenannten sexuellen Revolution noch lange nicht die Hemmnisse und Verbote in diesem intimen Bereich überwunden. Wir stecken noch mittendrin.* Als Lechler 1949 als Medizinstudent in Paris lebte, machten französische Ärzte den Versuch, die Prostitution als einen Beruf anzuerkennen mit dem sozialen Schutz einer gesetzlich akzeptierten Profession, zum Beispiel der Sozial- und Altersversorgung. Die rot-grüne Koalition in Berlin hat fünfzig Jahre später Anstrengungen in die gleiche Richtung unternommen und im Januar 2001 (!) ein – begrüßenswertes – Gesetz durch den Bundestag gebracht. Die Geschichte der blutflüssigen

Frau hat also auch heute noch, was die Sexualität angeht, einen gesellschaftlich unausgeschöpften, aktuellen Gehalt.

Der Philosoph Friedrich Nietzsche bemerkte einmal bitter: *Das Christentum hat dem Eros Gift zu trinken gegeben. Er starb zwar nicht daran, aber er entartete zum Laster.*

Mit der blutflüssigen Frau können wir lernen, unsere Krankheitssymptome nicht als Todfeinde, sondern als Freunde zu begreifen. Wir dürfen dankbar sein, dass sie uns wachrütteln. Wir können die Augen öffnen und erblicken, dass sie Wegweiser in ein besseres Leben sind. Walther Lechler erinnert an das Grimmsche Märchen Die drei Sprachen. Da hat ein alter Graf nur einen einzigen Sohn. Den hält er für dumm. Er schickt ihn drei Jahre nacheinander zu den berühmtesten Meistern seiner Zeit in die Lehre. Der angeblich dumme Sohn lernt zum Entsetzen seines Vater dort, wie der Graf meint, lauter unnützes Zeug – die Sprache der Hunde, der Vögel und der Frösche. Die Sprache der bellenden Hunde spielt eine große Rolle in dem Märchen. Die Hunde verraten nämlich dem Helden, der in Wahrheit ein kluger Kerl ist, dass sie tief unten im Turm des verwunschenen Schlosses einen großen vergrabenen Schatz hüten müssen. Sie kommen, so sagen sie, nicht eher zur Ruhe, als bis dieser gehoben ist. Der Held steigt hinab, *und weil er wusste, was er zu tun hatte, so vollführte er es und brachte eine mit Gold gefüllte Truhe herauf. Das Geheul der wilden Hunde ward von nun an nicht mehr gehört; sie waren verschwunden, und das Land war von der Plage befreit.*

Alles, was in uns laut wird, das „Bellen" in uns, enthält eine wichtige Botschaft an uns: *In dir ist ein ungehobener Schatz. Du musst nur suchen, statt das Bellen zu unterdrücken.*
Alle unsere Symptome sind Ausdruck dafür, dass in uns noch Schätze gehoben werden sollen. Was die moderne Medizin und die Pharmakologie erfunden hat, sind, wie Walther Lechler es nennt, *Anti-Bellin*-Medikamente. Sie unterdrücken das Bellen, ohne die Störung ursächlich zu beseitigen.

Aber die blutflüssige Frau hat ja gerade, weil sie gestört war, gesucht und gesucht. Die Medizin ist auf das Unterdrücken ausgerichtet, die symptomatische Linderungsbehandlung zum Beispiel, das Herausschneiden, wenn ein Magengeschwür vorliegt, das Entfernen der

Mandeln, wenn sie häufig entzündet sind, das Herausnehmen der Gebärmutter, wenn funktionelle Störungen vorliegen. Kurz, sie kennt nur eines, das Bellen zu unterdrücken.

Am Ende des Grimmschen Märchens, das frech und fromm zugleich ist, wird unser „kluger Dummer" sogar Papst, weil sich an ihm „göttliche Wunderzeichen" offenbaren. Dabei kann er weder Latein, noch kennt er die kirchlichen Rituale. Doch weil er die Vogelsprache, sprich die Grammatik des Unbewussten, gelernt hat, helfen ihm zwei Vögel: *Darauf musste er eine Messe singen und wusste kein Wort davon, aber die zwei Tauben saßen stets auf seinen Schultern und sagten ihm alles ins Ohr.*

Schlaf

Die Angst, Einsamkeit und der Schmerz unseres nicht gelebten Lebens sowie seine notwendige Kontrolle sind der Mörtel und die Steine, die die Wände unserer kindlichen Schutzräume zementieren. Wenn wir später diese Überlebenskonzepte nicht ablegen können, entwickeln sich daraus Gefängnisse, aus denen wir eine unglückliche Welt und den dazu passenden Gott erschaffen.

Horst Esslinger, Arzt
in: So kann's mit mir nicht weitergehen!

Die blutflüssige Frau ist in einem tieferen Sinn des Wortes eine Schläferin. Sie ist noch nicht erwacht. Der Schlaf bedeutet unser Abgelenktwerden in dieser Welt. Wir verlieren uns total in die Weltlichkeit. Wir vergessen völlig, was unsere Aufgabe ist, für die wir mit unserer Geburt beauftragt wurden. Jedes Kind, das neu auf die Welt kommt, bringt ein unermessliches Potenzial an gesundmachenden, heilenden und groß angelegten Ideen und Impulsen mit. Es war die jüdische Philosophin Hannah Arendt, die in ihrem Hauptwerk *Vita activa. Vom tätigen Leben* festhielt: *Dass man in der Welt Vertrauen haben und dass man für die Welt hoffen darf, ist vielleicht nirgends knapper und schöner ausgedrückt als in den Worten, mit denen die Weihnachtsoratorien die „frohe Botschaft" verkünden: „Uns ist ein Kind geboren".*

Die Philosophin bezeichnete als Ausgangspunkt der Menschlichkeit die *Natalität*, also die *Gebürtlichkeit*, die Tatsache, dass durch Geburt Anfänge verbürgt sind. Hannah Arendt: *Das „Wunder" besteht darin, dass überhaupt Menschen geboren werden und mit ihnen der Neuanfang, den sie handelnd verwirklichen können, kraft ihres Geborenseins.* Denn es ist kein Zweifel, so die Denkerin, dass jeder Mensch *mit der Mitgift der Freiheit auf die Welt kommt.*

Das stimmt: Aber werden nicht die meisten Kinder von vornherein zurechtgestutzt, bis sie dann so „erwachsen" werden, wie wir es heute sind? Der Sänger Reinhard Mey hat in einem

Lied diese Verstümmelung der kindlichen Anarchie und Schöpferkraft, die Verkrüppelung der fantasiereichen kindlichen Riesen zu erwachsenen Zwergen so formuliert:

Kinder werden als Riesen geboren.
Doch mit jedem Tag, der dann erwacht,
Geht ein Stück von ihrer Kraft verloren,
Tun wir etwas, das sie kleiner macht.
Kinder versetzen so lange Berge,
Bis der Teufelskreis beginnt,
Bis sie wie erwachsene Zwerge,
Endlich so klein wie wir Großen sind!

Wieviel könnten wir von den Kindern lernen! Wir könnten die Impulse, die sie aus einer Welt mitbringen, von der wir nur noch eine geringe Ahnung haben, freudig begrüßen. Wir könnten herausfinden: Was will uns jedes neugeborene Wesen bringen? Im Grunde genommen werden wir betäubt von denen, die schon länger in dieser Welt sind und die sich „erwachsen" nennen. Sie spüren diese Impulse nicht mehr in sich. Man könnte überspitzt sagen: Wir landen unter Toten, die selbst nicht wissen, dass sie tot sind.

Dieses falsche Erwachsenwerden ist der wahre Sündenfall. Erwachsen werden und Kind bleiben, das ist unsere Aufgabe. Deswegen hat Jesus gesagt: *Wenn ihr nicht umkehrt und werdet wie die Kinder, werdet ihr das Himmelreich nicht schauen.* Wir müssen wieder die Ursprünglichkeit finden, mit der wir unser Leben auf dieser Welt angetreten haben. Wir sind mit immensem Reichtum auf die Welt gekommen. Wir haben die Wunder des Lebens – die in jeder Blume, in jedem Insekt sind – mit uns gebracht. Wir haben dies wieder vergessen, weil es in uns ausgelöscht wurde. Wir Erwachsenen sind so stolz über die großartigen Entdeckungen, die wir gemacht haben, aber dabei haben wir uns selbst in unserer Kindlichkeit und in unserem ursprünglichen Auftrag verloren.

Wir sprachen am Anfang dieses Buches von den Wundern. Das Mysterium der Kindheit ist vielleicht das größte Wunder. Hermann Hesse hat dies in seinem wenig bekannten Gedicht *Der Heiland* beschworen:

Der Heiland

Immer wieder wird er Mensch geboren,
Spricht zu frommen, spricht zu tauben Ohren,
Kommt uns nah und geht uns neu verloren.

Immer wieder muss er einsam ragen,
Aller Brüder Not und Sehnsucht tragen,
Immer wird er neu ans Kreuz geschlagen.

Immer wieder will sich Gott verkünden,
Will das Himmlische ins Tal der Sünden,
Will ins Fleisch der Geist, der ewige, münden.

Immer wieder, auch in diesen Tagen,
Ist der Heiland unterwegs, zu segnen,
Unsern Ängsten, Tränen, Fragen, Klagen
Mit dem stillen Blicke zu begegnen,
Den wir doch nicht zu erwidern wagen,
Weil nur Kinderaugen ihn ertragen.

Der Mann aus Nazareth versucht, die Menschen aus dem Schlaf ihrer Weltverlorenheit, aus der Narkose ihrer Seele, aufzuwecken. Doch wir Menschen wehren uns genau gegen das, was uns gut täte.

Das Paradox jeder seelischen Erkrankung besteht darin, konstatiert Eugen Drewermann (in *Das*

Markus-Evangelium), dass Menschen sich außerordentlich danach sehnen können, endlich von dem Unglück ihres leidvollen und allseits eingeengten Lebens befreit zu werden; und doch stellen sie jeder möglichen Heilung immer wieder den gleichen Widerstand entgegen, der bereits ... den Aufbau der Krankheit erzwang. Man muss zum Verständnis dieser Widersprüchlichkeit sich klar machen, dass die Entstehung einer Neurose ... nicht nur ein erhebliches Maß an innerer Not und Qual mit sich bringt, sondern ursprünglich durchaus einen gewissen G e w i n n bedeutet: Es entlastet das Ich von gewissen unerträglichen Ängsten und Schwierigkeiten, wenn es die entsprechenden Konflikte v e r d r ä n g t. Das Ich handelt damit wie ein Heer, das sich vor einem übermächtigen Feind in eine hoch gelegene Fluchtburg zurückzieht und die offene Ebene dem Angreifer kampflos überlässt; es erlangt damit den Vorteil, sich für den Augenblick relativ gesichert zu fühlen, es unterliegt in der Folgezeit aber einem ständig enger werdenden Belagerungszustand, der sich nur aufbrechen lässt, wenn gerade der Kampf wieder aufgenommen wird, der eigentlich schon in der Ebene verloren gegeben wurde.

Wir sehnen uns nach dem Glück unserer Lebendigkeit und wehren uns zugleich in unserer psychischen Totenstarre dagegen. Es ist groteskerweise so, wie Drewermann festhält, *dass wir uns am wütendsten gegen diejenigen Gefühle zu schützen suchen, nach denen wir uns insgeheim am meisten sehnen, und dass wir mit der heftigsten Abneigung am Tage gegen diejenigen Formen des Glücks protestieren, nach denen wir in unseren Träumen des Nachts das größte Verlangen tragen. Ganz wie das Markus-Evangelium es in zahlreichen Wundergeschichten darstellt, kriechen wir oft ein Leben lang wie verkrüppelt und gelähmt durchs Leben und wünschen nichts mehr, als uns endlich aufrichten zu können …*

Kaum aber erhalten wir im Gegenüber einer Person, die uns a u f r i c h t e n könnte, die Chance, die alten V e r b i e g u n g e n gerade zu richten, da schreit es in uns auf vor Angst – ein Durcheinander vieler widersprüchlicher Stimmen, die alle nur wollen, dass wir in den Fesseln der alten Ängste, Ich-Einschränkungen und erzwungenen Verhaltensformen gefangen bleiben.

Immer wieder in den Wundererzählungen des Markus-Evangeliums werden wir zu Zeugen dieses gequälten Behandlungswiderstandes, mit dem gerade die am meisten Leidenden ihre Heilung ebenso wünschen wie fürchten …

Gerade weil die Wunder im Markus-Evangelium nur im Kampf gegen die unbewussten Gegenkräfte der Angst zustande kommen können, provoziert das Auftreten Jesu förmlich den geballten Widerstand aller Kräfte und geistigen Einstellungen, die seit je her im Menschen unterdrücken, was an Freiheit und Entfaltung in uns leben möchte.

Wo wir noch im Schlaf unserer seelischen Totenstarre befangen sind, können wir das eigentliche Leben nicht sehen. Dazu fehlt uns der notwendige Abstand. Dazwischen liegt der ganze Müll an Konsumgütern und Lebensablenkung und Lärm der Geschäftigkeit, die wir erzeugt haben. C. G. Jung sagte einmal, jeder Mensch macht so viel Lärm, wie er braucht – um die innere Stimme zu betäuben.

Der Weg zu unserer Heilung, das ahnen wir voller Schrecken, würde nur über den Weg nach innen gehen, in das Geheimnisvolle, tief in uns selbst. Dort hätten wir die Chance, die kleine, leise Stimme zu hören, die uns allein sagen kann, wozu wir bestimmt sind, wohin unser Sehnen zielt und wem unser unstillbarer Hunger und Durst gilt. Das, so Lechler, meint Jesus mit seinem Aufruf zur Umkehr an uns:

Wer sein Leben verliert um meinetwillen, wird es erhalten, wer aber an seinem Leben hängt, wird es verlieren.

Jesus will, dass der Mensch zu sich selbst und dem *Werde, der du bist!* aufwacht.

Aufbruch

Wir sind eingeladen, das Leben in seiner ganzen Weite und Fülle zu ergreifen und unsere ureigene Antwort darauf zu geben. Symptome, Störungen, Leiden an Krankheiten und süchtiges Leben sind einfach eine dumme Antwort, die wir geben. Wer aber dumm ist und sich deswegen nicht verurteilt, sondern zu seiner Dummheit stehen kann, der kann lernen.

Alfred Meier, Gemeindepfarrer
in: So kann's mit mir nicht weitergehen!

Jesus tritt auf. Mit einem großen Gefolge, heißt es in dem Gleichnis. Man kann sich vorstellen, was dieses Gefolge darstellt und wie es die blutflüssige Frau einschüchtert. Sie ist eine von uns. Sie teilt unsere – falsche – Auffassung, dass das Göttliche unnahbar ist, dass man sich ihm nicht nähern darf, sondern allenfalls nur unter ganz bestimmten Voraussetzungen und erfüllten Vorleistungen. Auf jeden Fall muss man „rein“ sein, um sich dem Göttlichen nähern zu können. Im jüdischen Ritus durften sich nur die Hohepriester in erlesenen liturgischen Gewändern bei den höchsten Festen dem Allerheiligsten nähern.

Doch auf einmal kennt die blutflüssige Frau, trotz all ihrer Störungen und Komplexe, keine Rücksicht und keine Scham mehr. Ihre Not ist erdrückend. Sie sagt sich vielmehr: *Wenn ich auch nur den Saum seines Gewandes berühren kann! Wenn ich nur von dem, was mein eigentliches Leben ist, im entferntesten etwas bekommen kann, dann will ich es haben!* Da sie weiß, dass sie „unrein“ und deshalb eigentlich unberechtigt ist, sich das alles zu holen, schleicht sie sich in der Menge heimlich von hinten an ihn heran. Nun passiert das Wunder. Sie berührt das Gewand Jesu, und plötzlich ist ein Kontakt da. Dieser Jesus ist voller Feinfühligkeit. Er fragt: *Wer hat mich berührt?*

Die Apostel, die Jesus scheinbar so nahe sind, können die Frage des Meisters überhaupt nicht verstehen. Sie antworten wohl sinngemäß: *Spinnst du? Du bist hier umringt von einer Volksmasse, die dich bedrängt und hin und her schiebt, und da fragst du, „Wer hat mich berührt?"* Der blutflüssigen Frau ist in der gleichen Sekunde geholfen: *Und gleich ward getrocknet der Quell ihres Blutes und sie spürte es körperlich, dass sie von der Geißel geheilt war … Frau aber, erschrocken, zitternd, da sie wusste, was ihr geschehen, kam und fiel vor ihm nieder und sagte ihm die ganze Wahrheit. Er aber sagte ihr: „Tochter, dein Vertrauen hat dich gerettet. Gehe hin in Frieden und sei gesund, ohne deine Geißel."*

Es bleibt unserer Fantasie überlassen, uns auszumalen, was Jesus dieser Frau alles gesagt haben mag, die da vor ihm stand, zitterte und sich ertappt fühlte. Vielleicht, so Lechler, erklärte er ihr: *Was du getan hast, war nicht Schuld. Es ist ein Zeichen deines Zutrauens, dass du, ohne zu fragen und um Erlaubnis zu bitten, endlich in Anspruch genommen hast, was du zum Leben brauchst.*

Denn gerade das möchte Gott und das versteht er unter Glauben, die Angst und die Scheu zu überwinden, die bis zur Krankheit das Leben verunstalten und zerstören kann. Wir dürfen nach Lechler die Gewissheit haben, dass Gott unser Leben will. Wie heißt es so herzerfrischend in den Psalmen (139,

13–15): *Du hast meine Nieren geschaffen, hast mich gewoben im Mutterschoß. Ich danke dir, dass ich so herrlich bereitet bin, so wunderbar. Meine Seele kanntest du wohl, mein Gebein war dir nicht verborgen, da ich im Dunkeln gebildet ward, kunstvoll gewirkt in Erdentiefen.*

Nach Stomeus M. Wittschier sagte Jesus zur blutflüssigen Frau: *Du hast es zum ersten Mal gewagt, dich selbst lieb zu haben. Du hast es geschenkt bekommen, dich endlich einmal barmherzig hinzunehmen. Du hast weiterhin darauf vertraut, dass ich mich über deinen Selbstmut freue, deinen positiven Egoismus begrüße und dich gerade darin und grundsätzlich so annehme – ohne jede Vorbedingung. Du hast schließlich darauf vertraut, dass das Leben überhaupt, welches uns beide verbindet, in dem wir sogar aufgehoben sind, es gut mit dir meint – trotz der zwölf Jahre bitteren Unlebens.*

Manche nennen diese Begegnung Gott, wenn sie sie preisen wollen – Walther Lechler nennt es seinen Ursprung, seinen Abba oder, wie es im Aramäischen heißt, Awoun. Das ist etwas, was wir nicht in unsere Sprache übersetzen können. Denn es ist weder Vater noch Mutter, weil es weder weiblicher noch männlicher Natur ist. Es ist einfach das Unaussprechliche. Es ist das Aufregende in der Begegnung, dass uns genehmigt wird, endlich satt zu werden, leben zu dürfen, unsere Sehnsucht erfüllt zu sehen.

Die entscheidende Frage ist: *Passieren diese Wunder heute noch?* Ja. Sie passieren mitten unter uns. Das Dumme ist dabei, sie passieren, und wir merken es oft überhaupt nicht. Und wenn wir merken, dass es passiert ist, dann ist es manchmal schon zu spät.

Walther H. Lechler: *Ich kenne das aus meinem Leben. Als ich nach dem Krieg ein französisches Stipendium bekam, um in Paris Medizin zu studieren, stand ich vor einem riesigen Berg, den es zu bewältigen galt. Man kann sich vorstellen, dass die von den Nazis geschundenen Franzosen nicht gerade Sympathie für Deutsche empfanden. Da stieß ich auf einen französischen Freund. Er führte mich in seine Familie ein. Sie nahm mich mit Herzlichkeit auf. Es war ganz ungewöhnlich für die damaligen Verhältnisse. Mein französischer Freund wusste nicht, wie oft er mir in dieser schwierigen Zeit, als ich in dunkle Stunden meines Lebens geriet und aufgeben wollte, half. Er tat dies durch die einfache, aber wunderbare Tatsache, dass er als Freund da war und mir zu verstehen gab:*

„Du, Walther, ich glaube an dich." Dieser Satz eines ganz einfachen Menschen, der kein Arzt und nicht therapieerfahren war, sondern sich in der Begegnung einfach nur als Mensch verhielt und mir zeigte, dass er mich liebte und an mich glaubte, dieser Satz trug mich über die Abgründe.

Der Aufbruch ist unsere Aufgabe. Aber wir sind so getrimmt, dass wir für alles um Erlaubnis fragen müssen. Wir wissen nicht, dass uns das Leben mit der ganzen Fülle geschenkt ist. Es gibt so viele Dinge, die wir uns verwehren, weil sie nicht in die Sittenparameter der Gesellschaft passen, obwohl es schön wäre, wenn wir es leben könnten. Wie heißt es so drastisch in der Bibel: *Wenn einer viele Jahre lebte, bis ins hohe Alter, aber er könnte sein Glück nicht genießen – ich müsste sagen: Glücklicher als er ist die Fehlgeburt (Prediger, 6, 3).*

So lange wagen wir den Aufbruch nicht. Wir zögern. Wir schaffen uns selbst Verbote: *Weil ich eine Frau bin, darf ich nicht über mein Leben selbst bestimmen. Weil ich Mutter bin, darf ich nicht studieren. Weil ich als Mann mit dem Beruf verheiratet bin, darf ich keine Hobbys haben. Weil ich kein Abitur habe, darf ich keine eigene Meinung haben. Weil ich zu dick bin, darf ich nicht flirten. Weil ich zu dünn bin, darf ich mich nicht weiblich oder männlich fühlen …*

Zum Aufbruch gehört der Tiefpunkt des Lebens, die innere Kapitulation, wie die Anonymen Alkoholiker in ihrem Zwölf-Stufen-Programm formulieren. Wie viele Menschen haben Walther Lechler bei den AA-Gruppen erzählt, dass sie in einer grauenhaften Situation waren und vor der Entscheidung standen, entweder sich umzubringen oder einen radikal anderen Weg zu gehen. Lange standen sie vor einem Meeting-Lokal der Anonymen Alkoholiker. Sie gingen hin und her. Sie schauten nach links und rechts. Sie schauten nach vorne und hinten. Sie spähten, ob sie niemand sähe. Man stelle sich die Schande vor – ein ehrbarer Bürger geht zur Gruppe der „Saufbrüder" und „Saufschwestern".

Mit Herzklopfen öffneten sie die Türe – und wurden, zu ihrer Verblüffung, liebevoll begrüßt: *Schön, dass du gekommen bist. Du bist hier richtig!* Man muss sich das einmal vorstellen: Nach langen Jahren des Unlebens, des Ausgestoßenseins, des Abgelehntwerdens, des Nichtmehrgebrauchtwerdens, des Gehasstwerdens, des Versagens in eine Gemeinschaft zu kommen, in der Menschen, nur auf Grund der Tatsache, dass man überhaupt reingekommen ist, sagen: *Du bist hier richtig! Und wenn du das haben willst, was wir haben, komm einfach wieder. Du kriegst das genauso.*

Das ist ein unvorstellbares Wunder. Denn man braucht dazu keine Vorleistung zu bringen. Man muss keinen Schwur abgeben, jetzt aber auch alles und über Nacht neu zu machen. Diese Wunder passieren heute überall. Wir müssen nur den Mut haben, diesen Weg zu gehen, so wie die blutflüssige Frau, die bedingungslos kapitulierte: *Ich kann jetzt nicht mehr. Ich will auch so nicht mehr leben. Es muss jetzt etwas ganz, ganz anderes geschehen.*

Für Walther Lechler war dieser Ort der wunderbaren Begegnung eine Gruppe von etwa dreißig amerikanischen Alkoholikern und Alkoholikerinnen, die er im Juli 1954 als Batallionsarzt in der amerikanischen Armee kennenlernte. Du wirst vielleicht staunen, liebe Leserin, lieber Leser, weil Lechler selbst zu keinem Zeitpunkt seines Lebens Alkoholiker war. Aber er, der zu diesem Zeitpunkt noch eher schulmedizinisch geprägt war und sich als überlegenen „Akademiker“ verstand, fand dort in der Gruppe plötzlich Antworten auf seine Einsamkeit, seine unerfüllten Sehnsüchte und seine brennende utopische Vision von einem anderen, erfüllten Leben.

Ausgerechnet die Alkoholiker, die durch das tiefe Tal der Sinnlosigkeit und der körperlichen und seelischen Verwahrlosung gegangen waren und sich in irgendwelchen schäbigen Hinterzimmern zu ihren schmucklosen Meetings trafen, entfachten in ihm ein Feuer, das ihn nicht nur bis heute erfüllt, sondern zur Grundlage seines ärztlichen und therapeutischen Handelns geworden ist.

Was ist die medizinische „Wunderwaffe", die Walther Lechler dort entdeckte? Es war ein Klima des warm Angenommenseins, ohne Bedingungen, ohne Vorleistungen, ohne Glaubensbekenntnisse, ohne sonstige Verpflichtungen oder Absicherungen, ohne Hierarchie und ohne Bürokratie. Ein Klima des Vertrauens, der Toleranz, der rückhaltlosen Offenheit, der Ehrlichkeit in einem für ihn unbekannten Maße. Er spürte die Zuversicht, dass jede und jeder von uns seinen eigenen Weg ins neue Leben finden und gehen kann.

Die Anonymen Alkoholiker waren liebevoll.

Sie steckten voller Humor und Ironie. Sie weinten und lachten. Sie lernten die Kunst des Zuhörens ohne zu verurteilen, ohne zu werten und abzuwerten, ohne Ratschläge, Kritik und Besserwisserei. Es war eine klassen- und rassenlose Gesellschaft. Damals wie heute ist bedeutungslos, was „draußen im Leben" zählt: Beruf, Titel, gesellschaftliche Stellung, Vermögen, Religion, politische Überzeugung, Familienstand, Alter, Geschlecht, Aussehen und Ansehen, Leistungen und Auszeichnungen oder auch das Strafregister. Jeder ist gleichberechtigt. Jeder ist gefallen. Jeder kann sich wieder aufrappeln.

Das Wunder ereignet sich in diesen Gruppen ganz unauffällig. Da kommt einfach eine Hand. Diese Hand, die sich vielleicht auf unseren Unterarm legt und sagt: *Ist schon gut. Ich weiß mehr über dich, als du ahnst. Denn ich bin diesen Weg auch gegangen. Dieser Weg ist gangbar. Und du wirst genauso diesen Weg aus deiner Dunkelheit herausfinden wie wir alle, die wir diesen Weg gefunden haben.*

Walther H. Lechler: *So wie diese Gruppen stelle ich mir die ersten frühchristlichen Gemeinschaften vor. Als Ausgestoßene und Verfemte muss-*

ten sich die Anhänger Jesu heimlich, unerkannt, anonym an abgelegenen Orten treffen. Auch bei den Anonymen Alkoholikern wird nicht gerichtet, nicht geurteilt, nicht verurteilt, nicht ellenlang Ursachenforschung betrieben. Da ist vielmehr so etwas wie ein Jubilieren: „Es ist großartig, dass du da bist, dass du gekommen bist. Dein neues Leben beginnt in diesem Augenblick. Hoffnung gibt es ab sofort. Komm nur immer wieder, und du kriegst diese Kraft“.

Die Anonymen Alkoholiker sind in über 150 Ländern verbreitet und nicht organisiert. Sie arbeiten in ihren Zusammenkünften, den sogenannten Meetings, mit einem spirituellen Programm, das aus zwölf Schritten oder Stufen (steps) besteht. Dieses Programm wurde von Alkoholikern, die erkannten, dass sie ihrem Trinken gegenüber machtlos waren, auf ihrem Genesungsweg entwickelt. Eigentlich handelt es sich bei diesen zwölf Schritten (Stufen) um ein Nachreifungsprogramm für diejenigen, die eingesehen haben, dass der Alkohol sie nicht nur betrunken, vielmehr auch unfähig machte, es mit dem Leben aufzunehmen. In der ersten Stufe kann das Wort Alkohol (Aethylalkohol) ersetzt werden durch alles, womit wir uns in unserem Lebensbereich besoffen machen und dadurch den Blick vor der Wirklichkeit des Lebens verstellen. Es handelt sich also nicht um ein theoretisches Konzept, das irgendwelche professionellen Helfer entwickelten, um Menschen vom Alkoholismus wegzubringen, sondern fasst die Erfahrung zusammen, wie ehemalige Alkoholiker zu einer nüchternen Lebenseinstellung und Lebenshaltung fanden.

Dabei ist nur der erste Schritt auf den Alkohol bezogen, die weiteren elf Stufen beinhalten einen Weg für jedermann, der mit seinem Leben in eine Krise geraten ist. So wird mit dem Zwölf-Schritte-(Stufen-)Programm heute auch in Gruppen von Menschen mit Ess-Störungen, mit emotionalen Störungen wie Depressionen, Neurosen und den verschiedensten Abhängigkeiten wie Spielen, Arbeiten, Sexualität, Beziehungen usw. gearbeitet. Fast von Beginn an gab es auch Zwölf-Stufen-Meetings für die Angehörigen von Alkoholikern. Der Text dieses Programms ist im Anhang abgedruckt.

In diesen Meetings können die Aussätzigen und Ausgestoßenen, die blutflüssigen Frauen, die Blinden, Tauben und Stummen aus dem biblischen Brunnen des Lebenswassers trinken und ihren tiefen Lebensdurst löschen. Hier endlich können sie die Verteufelung des eigenen Lebens rückgängig machen und die Angst vor sich selber und den eigenen Freiheitsmöglichkeiten überwinden. Hier endlich, an diesem Ort der Geborgenheit und der Wahrheit, darf das Gefühl der eigenen Nichtigkeit und Ohnmacht sterben und die neue Identität ihr Wachstum beginnen.

Denn beim Aufbruch geht es um unsere Identität. Es geht um unser Menschsein, das wir ständig suchen. Es ist ein Muss. Das lässt uns nie los, auch wenn wir uns betäuben wollen. Selbst die Alkoholiker, sagt Lechler, die sich besoffen haben, die mussten unten enden, und die Suche ging doch weiter. Sie sind aber auch gesucht worden.

Die blutflüssige Frau ist durch Jesus gesucht worden. Jesus war bereit, ihr die Kraft für ihre Erneuerung aus sich selbst zu geben. Was Jesu Auftrag war, ist die Botschaft vom Leben. Wie heißt es so lebensfroh in der Bibel: *Was ich als gut befunden habe und als schön, ist das: Essen und trinken und genießen bei all der Mühe, womit einer sich abmüht unter der Sonne, die kurze Zeit seines Lebens, die Gott ihm vergönnt hat; denn das ist sein Teil* (*Prediger*, 5,17). Diese Botschaft hat die blutflüssige Frau endlich verstanden.

Wenn sich so der Himmel öffnet, dann dürfen wir uns auch *berechtigt* fühlen. Walther H. Lechler: *I am entitelt, ich bin berechtigt, heißt es bei den Anonymen Alkoholikern in den USA. Als Berechtigter bin ich auf die Welt gekommen. Mit Carl Fenske, dem Pfarrer der kanadischen Luftwaffe, erarbeitete ich in meiner Zeit bei der US-Armee die Erkenntnis dieses Prozesses. Wir leben am Anfang unseres Lebens etwas außerordentlich Kostbares: Instant pleasure, sofortige Lustbefriedigung in jeder Beziehung. Wir haben in dieser frühkindlichen Phase no responsability, keine Verantwortung und keine Verantwortungsfähigkeit. Denn wir müssen uns noch um nichts kümmern. Schon in der Schwangerschaft hatten wir ein maximum of safety, ein größtmögliches Maß an Sicherheit. Wir hatten power. Wir konnten ja alles verlangen, rückhaltlos und rücksichtlos. Manchmal ging das unseren Eltern auch gegen den Strich. Von der Geburtsstunde an besaßen wir das total entitlement, die vollständige Berechtigung zum Leben. Wir signalisierten der Umgebung: Ich bin hier zum Leben gekommen. Ich will leben, und das muss gehen. Ich verlange alles dafür.*

Dann kommt eines Tages der große Einschnitt: Wir müssen lernen, dass, wenn wir *instant pleasure* haben wollen, die sofortige Befriedung, dass wir dafür etwas erarbeiten und etwas können müssen. Wir haben Verantwortung dafür zu übernehmen. Wir müssen lernen, auf den Anruf des Lebens schöpferisch zu antworten, um unsere Wünsche befriedigt zu bekommen. Wenn wir Macht ausüben wollen, müssen wir wissen, dass wir auf Gegenmacht stoßen. Wir machen die Erfahrung, dass wir Rücksicht zu nehmen haben. Wir erkennen, dass wir Grenzen respektieren müssen, auch darin, wie wir unsere Macht ausüben. Wir nehmen wahr, dass wir die Welt mit vielen anderen teilen.

Wenn wir ein Maximum an Sicherheit haben wollen, so müssen wir es jetzt erschaffen und erarbeiten. Es fliegt uns nicht mehr zu. Es sei denn, wir entwickeln eine Sicherheit im Glauben, in dem Bewusstsein, dass wir nicht allein auf diese Welt geschickt wurden, sondern dass eine gütige Kraft uns lenkt, dass eine *höhere Macht*, wie es bei den AA heißt, uns hilft. Jetzt gilt es, die totale *Berechtigung* zum Leben uns wieder zu erobern. Denn sie fällt uns nicht einfach in den Schoß. Die Gesellschaft schränkt das ein.

Den grandiosen Dreisatz, über den wir als Kinder selbstverständlich verfügten, müssen wir uns jetzt als „Aussätzige“, „Blinde“, „Blutflüssige“, „Gelähmte“, „Stumme“ oder „Taube“ im lebensentscheidenden Aufbruch neu erobern: *I exist. I need. I am entitelt.* Das wäre zu übersetzen mit den Worten: *Ich lebe. Ich habe Bedürfnisse. Ich bin berechtigt, diese Bedürfnisse zu befriedigen.*

Heilung

Für die Möglichkeit der spirituellen Erfahrung brauchen wir heute nicht mehr unbedingt einen geheiligten äußeren Raum, sondern ein soziales Gegenüber. Und da geschehen dann die Erleuchtungen gerade an Punkten, wo wir sie am wenigsten erwartet hätten.

Rudolf Mraz,
Arzt und Psychotherapeut,
in: So kann's mit mir nicht weitergehen!

Worin liegt das Wesen der Heilung, die der blutflüssigen Frau widerfährt? Im Grunde ist zwischen ihr und Jesus das entstanden, was Walther Lechler selbst tausende Male in den Meetings der Anonymen Alkoholiker erlebt hat. Menschen berühren sich gegenseitig durch Identifikation miteinander. Da, wie bei der blutflüssigen Frau, finden solche Momente statt. Das ist der Augenblick, in dem ein

Wort fällt, das bei dem seelisch kranken Menschen jenen Zustand hervorruft, den der Kanadier John Bernhard *instant hope* nannte, *sofortige Hoffnung*. Wenn Jesus fragte: *Wer hat mich berührt?*, dann bedeutet dies, dass im gleichen Moment ein Strom zwischen ihm und der kranken Frau geflossen ist. Es war sofort eine Verbindung da. Das ist die großartigste Erfahrung, die wir machen können: das Spüren einer unverbrüchlichen und unverkennbaren Verbindung zu einem anderen Menschen.

Warum erschrickt die blutflüssige Frau zunächst? Sie hätte doch allen Grund, sich unbändig zu freuen. Tatsächlich werden wir nach Walther Lechler immer wieder erschrecken, wenn das geschieht, was wir so lange ersehnt und erhofft haben. Wenn wir nämlich eine Verbindung mit dem Menschlichen erfahren, die uns wieder den Kontakt mit dem Leben beschert.

Aber, so möchte man weiter fragen, warum reicht es aus, auch nur den Zipfel des Gewandes, den Hauch einer Berührung zu fassen. Denn Jesus nimmt die leidende Frau nicht in die Arme. Er trocknet nicht ihre Tränen. Er schlägt keine aufwendige Behandlung vor. Er analysiert die blutflüssige Frau nicht. Er nimmt keine komplizierte Anamnese, keine detaillierte Erfassung ihres Lebens- und Leidenslaufes vor. Der Grund ist einfach: Es braucht unter uns Menschen gar nicht viel, um zu diesem intensiven Erleben der Lebensberechtigung und Lebensfülle zu kommen.

Wir haben meist hochgespannte Vorstellungen, was alles passieren müsste, um aus unserer Not herauszukommen. Dabei reichen, wie Lechler betont, die geringsten Berührungsmomente aus: Ein liebender Blick mag uns erlösen. Das ist wie in der Natur. So winzig klein die Samen sind, die einen kalifornischen Mammutbaum oder einen Menschen erzeugen können, so wenig genügt schon, um das entstehen zu lassen, was wir als Leben ersehnen. Denken wir an die biblische Geschichte vom Senfkorn. Es genügt, unter uns Menschen ganz wenig zu tun, einfach ehrlich und aufrichtig zu sein – eben das, was Jesus war –, um Menschlichkeit entstehen zu lassen. In diesem Sinn genügt der Zipfel des Gewandes.

Warum musste die blutflüssige Frau zwölf Jahre leiden, bis dieser *kairos*, der *richtige Zeitpunkt* der Umkehr, da war? Mit den zwölf Jahren ist nicht der genaue numerische Begriff gemeint, sondern es bedeutet für einen Menschen „eine undenkbar lange Zeit". Brauchen wir Menschen diesen langen Leidensdruck? Es sieht so aus. Es erweist sich im Nachhinein als notwendig, dass diese Frau auf keine übliche, bekannte Art Hilfe suchte. Als nichts mehr da war, was ihr medizinisch, psychologisch oder religiös hätte Erfüllung geben können, da erst war sie offen und bereit für das Neue, die Begegnung und für das, was in ihr schon immer angelegt war.

Das heißt, die alten Ego-Vorstellungen, es gäbe vielleicht noch diesen oder jenen Ausweg, mussten ausgeräumt sein, damit das Wesentliche in ihr Eingang finden konnte. Es ging und geht um das, was die Anonymen Alkoholiker die *Kapitulation* nennen. Sie sprechen davon, der kranke und irrende Mensch müsse *to hit rock bottom, auf den Fels, auf den Grund aufschlagen* – so tief, dass es nicht tiefer geht. Helfer/Therapeuten sind meistens bemüht, dass jemand nicht auf den Grund aufschlägt. Sie wollen das Schlimmste verhindern. Dies ist Diebstahl (*Krisenklau* nennt es Walthers Freund Berthold Kilian) von professionellen Helfern, denn das Schlimmste ist das Rettende! Die AA wissen von der Fruchtbarkeit des „to hit rock".

Wenn der Amerikaner Bill W., der Mitbegründer der heute weltumspannenden Bewegung der Anonymen Alkoholiker, 1934 im Towns-Hospital das Versprechen bekommen hätte, dass, sagen wir, der Pharmakonzern Ciba Geigy in Basel dabei sei, eine erfolgversprechende Pille gegen die Alkoholabhängigkeit zu entwickeln, und dass 1935 im Sommer dieses Medikament herauskommen würde, dann wäre die Bewegung der AA niemals entstanden. Bill W. musste alles ausgelotet haben, die Medizin, die Psychologie, die Psychiatrie, die Religion, und von keiner Stelle Hilfe erlangt haben, um die Kräfte in sich selbst zum Zug kommen zu lassen, die ihm sein neues Leben ohne den Aethylalkohol ermöglichten. Genauso verhält es sich bei der blutflüssigen Frau.

Nun könnte man einwenden, nicht jedem begegnet gleich der wundersame Zimmermannssohn aus Nazareth, also eine erleuchtete Erscheinung. Bei den Anonymen Alkoholikern – die das Musterbeispiel einer Bewegung sind – ereignet sich das Wunder der *metanoia, der Umkehr,* in einer völlig normalen Durchschnittsgruppe, in der der Hilfsarbeiter neben der Rechtsanwältin sitzt. Was ist das Geheimnis, das in diesen Gruppen, wie auch den Anonymen Ess-Süchtigen, den Anonymen Spielsüchtigen, den Anonymen Sexsüchtigen und grundsätzlich in allen tief angelegten Selbsterfahrungsgruppen, stattfindet?

Wer berühren und sich berühren lassen will, der muss zuerst loslassen. Das Geheimnis der Heilung ist, dass die blutflüssige Frau loslässt und sich sagt: *Ich bin am Ende. Es kann mir nichts mehr passieren.*

Das gilt für jeden Menschen, der auf den Grund des Bodens aufschlägt. Vergessen wir nicht, die Menschen, die keinen Alkohol trinken, sind ja noch lange nicht trocken. Jeder von uns, beobachtet Lechler, hat seine spezielle Sorte Alkohol, mit der er sich besoffen macht im Leben. Uns fällt es noch schwerer als den Alkoholikern, unsere „Alkoholsorten" loszulassen, weil diese uns nicht so schnell und sichtbar an den Abgrund bringen wie der Alkohol den Abhängigen. Dieser ruiniert körperlich und psychisch. Unsere Drogen sind dagegen unsichtbarer, geräuschloser, geruchloser, nicht so sozial diskriminierend. Wir können sie verstecken.

Die Suchtexpertin und Autorin Maja Langsdorff schreibt in ihrem Bestseller *Die heimliche Sucht, unheimlich zu essen: Die Pharmaindustrie, die Tabakkonzerne, die Hersteller von Spielautomaten, die Winzer, Schnapsfabrikanten und Bierbrauer, die Süßwarenindustrie und viele andere Wirtschaftszweige leben davon, Produkte mit Suchtpotenzialen herzustellen. Ihre Erzeugnisse aber machen nicht von sich aus süchtig – sie fallen in einer Überfluss- und Überdrussgesellschaft auf fruchtbaren Boden. Heute weiß man, dass bei entsprechender Disposition jede Betätigung, jedes Verhalten zwanghaft werden und alle Züge einer Sucht annehmen kann.*

Jeder ganzheitlich arbeitende Arzt und Therapeut kann das nur unterstreichen. Wir alle sind süchtig. Es können Bücher sein, es können Zeitschriften sein, es kann das Fernsehen sein, es kann die Kirche sein, es kann die Politik sein. Es gibt nichts auf dieser Welt, absolut nichts, was man nicht heranziehen kann. Lechler: *Die edelsten Dinge, die Kunst, Lesen, Fernsehen, Essen, Trinken, Sport, Philosophie –*

alle können mir die Flucht aus und vor der Wirklichkeit ermöglichen. Wo ich mir den Blick vor der Wirklichkeit verstelle, wo ich mich vor dem Leben absperre, dort bin ich krank, dort ist mein Bezug zum Leben verloren. Dort kann ich nie bekommen, was ich an Liebe und Sinnerfüllung brauche. Dort können mein Hunger und mein Durst nach dem, was mir zusteht, nie gestillt werden.

Heilung gibt es nur in der Begegnung. Der Mensch ist dem Menschen nicht nur ein Wolf, wie das römische Sprichwort sagt. Der Mensch ist dem Menschen auch Medizin. *Der Mensch ist des Menschen Arznei.* Dieser Satz, so Lechler, stammt ursprünglich vom Stamm der Wolof in Senegal *(nit nit ay garabam)* und ist inzwischen in weiten Teilen Afrikas verbreitet. Heilung resultiert aus dem Prinzip der *ansteckenden Gesundheit.* Das bedeutet, dass jeder Mensch dem anderen das Heilende vermitteln kann. Er tut dies, wenn er ihm sagt: *Heilung gibt es. Ich habe es selbst erlebt. Ich gebe es an dich weiter. Ich möchte in dir die Hoffnung wachrufen, dass es Heilung gibt.* Das ist ansteckend.

So wie infektiöse Krankheiten anstecken können, so kann Gesundheit anstecken. Wenn die blutflüssige Frau in die Klinik von Walther

Lechler in Bad Herrenalb gekommen wäre, dann hätte ihr die Lehr- und Lern-Gemeinschaft das angeboten, was man immer wieder bei den Anonymen Alkoholikern erleben kann. Dort wäre ihr gesagt worden: *Du wirst spüren, du brauchst hier keine Angst zu haben. Wir nehmen dich an. Wir nehmen dich in den Arm. Wir haben auch keine Angst, dass wir durch dich unrein werden, wir wissen, du hast alle Kräfte, gesund zu werden in dir. Wir werden dich so lange lieben, bis du wieder imstande bist, dich selbst zu lieben. Dort, wo du jetzt bist, waren wir auch schon, und deswegen wissen wir, dass es geht.*

Die Anonymen Alkoholiker sagen: *Es ist keine Schande, Alkoholiker zu sein, es ist eine Schande, nichts dagegen zu tun.* Auf einem Plakat vor dem Sprechzimmer in der Herrenalber Klinik variierte Walther Lechler diesen Satz so: *Es ist keine Schande, krank zu sein, es ist eine Schande, nichts dagegen zu tun.*

Für die Heilung muss man etwas tun. Man muss sich Hilfe holen. Man muss in die Begegnung gehen, am besten in die Gruppenerfahrung. Wer regelmäßig diese Gruppen besucht, hat erfahrungsgemäß bessere Chancen, seine neu erworbenen Verhaltensweisen zu stabilisieren als derjenige, der die Sitzungen schwänzt. Es ist, bemerkt Lechler, ja ein biologisches Gesetz, dass alles Neue, das wir uns aneignen, weiter geübt werden muss. Es gibt von dem berühmten Pianisten Wilhelm Kempf die Aussage: *Wenn ich an einem Tag nicht geübt habe, merke ich es. Wenn ich zwei Tage nicht geübt habe, dann merkt es meine Frau. Wenn ich drei Tage nicht geübt habe, merkt es mein Publikum.* So ist es auch in unserem Leben. Das Neue braucht ganz intensives Einüben, tägliches Training.

Der Grundgedanke der therapeutischen Arbeit, ist, dass der Mensch ein strukturelles Mangelwesen ist. Unsere Störungen sind ein Ausdruck von Mangel. John und Elaine Cumming prägten den Begriff des *Inadequacy Syndrom, des Unzulänglichkeitssyndroms.* Paul Agnew fand das Wort von der *Inadequate enculturation, der unzureichenden Ausbildung fürs Leben.* Von beiden Bestimmungen leitet sich schließlich der Begriff der *Developmental Inadequacy* ab, was man übersetzen könnte als *Unzulänglichkeit* im Sinne einer *Lebensdummheit.* Sie entsteht aus der mangelnden Entwicklungsfähigkeit. Einfach gesprochen: Wir alle leiden, weil wir nicht für dieses Leben ausgebildet sind. Wir werden von Menschen ausgebildet, die ebenfalls nicht für das Leben ausgebildet wurden, sondern unter demselben Mangelsyndrom leiden. Walther H. Lechler: *Es ist keine Schande, dumm zu sein, aber es ist eine Schande, nichts dagegen zu tun.*

Wir leben in einem beständigen Mangel und dem Bewusstsein, das Leben nicht zu schaffen. Wenn es uns einmal gelingt, eine Situation gut zu bewältigen und Freude am Abenteuer Leben zu verspüren, schlummert in uns schon die Ahnung, *das nächste Mal schaffe ich es nicht.*

Aber wir werden immer aus dem Mangel heraus etwas unternehmen müssen. Es kommt darauf an, dass jemand uns unseren Reichtum zeigt und uns hilft. Im Rahmen einer Lehr- und Lerngemeinschaft, einer Lebensschule, wie sie Walther Lechler in der Klinik in Herrenalb vorstellte, vermögen wir das zu lernen, was man uns früher nicht hat beibringen können. Wir dürfen unsere Angst aufgeben, dem Leben nicht gewachsen zu sein. Wir suchen und finden dann unsere je eigenen Antworten auf den Anruf des Lebens. Antworten, die uns erfüllen, beschwingen, kräftigen, die uns Hoffnung machen.

In dem Begriff *Ver-ANTWORT-ung* steckt die Chance und Pflicht zur eigenständigen Antwort. Wir können lernen, unsere alte Destruktion, unseren Defätismus, unseren Nihilismus und unseren Zynismus über Bord zu schmeißen. Worte wie *Ich bin eine Niete* oder *Ich bin keine richtige Frau* oder *Das bring ich sowieso nicht fertig* gehören auf den Index der verbotenen Aussprüche. Das Leben fordert immer wieder von uns Antworten. Das dürfen wir freudig bejahen. Wir dürfen und sollen Verantwortungsfähigkeit lernen als Fähigkeit, richtige, das heißt lebensfördernde, Antworten zu geben.

Auch hier helfen uns die Erfahrungen der Anonymen Alkoholiker, vor denen Walther Lechler und ich große Hochachtung haben. Die blutflüssige Frau steht jetzt vor der Notwendigkeit einer *Inventur* ihres Lebens. Jetzt muss sie alles aufarbeiten, was ihr zum Bewusstsein kommt, was sie glaubt, was sie verfehlt hat, was ihr gelungen ist, was weh getan hat, was an schöpferischen Quellen in ihr sprudelt. Die blutflüssige Frau darf jetzt zulassen, dass alles Schlimme vergeben ist. Dass sie ein Recht hat auf einen neuen Anfang.

Die Inventur entspricht der Gnade eines tiefen Beichtgespräches im besten Sinne des Wortes (nicht der traditionellen katholischen Kirchenpraxis): Ich kann das, was mich jetzt noch bedrängt, aussprechen. Ich darf erfahren, dass ich nunmehr frei und ein Pionier des Neuen bin.

Heilung bedeutet auch, um Verzeihung zu bitten und selbst zu verzeihen. Walther Lechler: *Ich könnte mir vorstellen, dass die blutflüssige Frau voller Groll und Zorn war über all die Menschen, die sie missachtet und enttäuscht haben. Vermutlich war sie aber auch verschlossen, grantig und unfreundlich. Jetzt kann sie zu den Menschen gehen, ihren früheren Groll bekennen und sagen, „Ich habe es hinter mir – wenn ich dir damals weh getan habe, dann möchte ich bitten, dass du mir verzeihst." Damit übernimmt die blutflüssige Frau die Verantwortung für sich selbst. Sie weiß auch, dass sie hinausgewachsen ist über die unmenschlichen Gesetze, die sie jahrelang in Ketten schlugen* (s. Erfahrungsstufe 8, S. 134).

Ohne Liebe geht dieser Prozess der Heilung nicht. Liebe besteht in dem unverwechselbaren Erlebnis zu spüren, vom anderen ohne Einschränkung angenommen zu sein, ohne ein *Aber* und ohne Auflagen zur Änderung. So wie Jesus von seinem Vater gesprochen hat, der uns in unserer ungehobelten Art, so wie wir sind, annimmt.

Walther Lechler erinnert an die Worte von Paulus: *Da ist nicht mehr Grieche, Jude, Beschnittener, Unbeschnittener, nichts Männliches, nichts Weibliches, Nichtgrieche, Skythe, Knecht, Freier, sondern alles und in allem Christus.* Wir müssen nur bereit sein dazu und das Vertrauen haben, dass das wirklich so ist. Damit können wir die Urerfahrung unserer ersten Lebensmonate wiederholen – Schutz, Wärme, Angenommensein.

Das Kind fühlt sich in den Armen und der Körperwärme der Mutter tief geborgen, gleichgültig, ob sie nach herkömmlichen Maßstäben schön oder hässlich ist. Das ist Liebe, und das ist das, was der blutflüssigen Frau ununterbrochen verweigert wurde. Keiner, auch kein Arzt, hat sie be-HAND-elt, das heißt mit den Händen berührt, willkommen geheißen, gepflegt. Er wäre ja im Sinne der gesellschaftlichen Konvention „unrein“ geworden.

Jesus berührt dagegen die Menschen, auch den Aussätzigen mit seinen Schwären. Jesus hat keine Scheu, die „Unreinen“, die „Unberührbaren“ und „Unannehmbaren“ liebend anzufassen. Das Unannehmbare entsteht ja erst in uns, dann erst bei den anderen.

Walther Lechler: *Jeder Mensch hat das Recht auf instant hope, auf sofortige Hoffnung. Wir müssen nur lernen, wie wir unseren Hunger und Durst stillen können. Darauf kommt es an, und dann werden die Symptome verschwinden. Wenn wir satt sind, sind wir nicht mehr siech. Wenn wir satt sind und wenn wir diese neue Erfahrung gemacht haben, dann werden wir nicht im Geringsten daran denken, uns diese Wachheit, uns dieses neue Leben rauben zu lassen durch etwas, was uns wieder in einen schrecklichen kranken Schlaf versetzen kann.*

Die Tochter des Jairus

Die Menschen sagen, ich sei ein Feind von Gesetzen, von Familienbanden und Tradition. Sie sagen die Wahrheit. Ich liebe sie nicht, die Gesetze von Menschenhand … Ich liebe die heilige Güte des Geistes, die die Quelle eines jeden Gesetzes auf Erden sein sollte, denn die Güte ist wie der Schatten Gottes in der Seele des Menschen.

Khalil Gibran,
Das Reich der Ideen

Die Geschichte geht noch weiter. Es kommt eine der unglaublichsten Geschichten des Neuen Testamentes – die Wiedererweckung einer Toten zum Leben. Mit nichts haben moderne Leser der Bibel so große Schwierigkeiten wie mit diesem Gleichnis. Wie soll das angehen? Wenn wir etwas wissenschaftlich und präzise wissen, dann ist es die Tatsache, dass mit dem Tod das organische Leben irreversibel erlischt.

Der Tod macht alles gleich, sagt das Sprichwort, *er frisst arm und reich.* Schon Euripides konstatierte in seiner Tragödie *Alkistidis: Aller Menschen harrt der Tod/und keinen gibt's auf Erden, der untrüglich weiß/ob ihn der nächste Morgen noch am Leben trifft.* Goethe formulierte den naturphilosophischen Gedanken: *Der Tod ist ein Kunstgriff der Natur, um Leben zu erhalten.* Das heißt, alle die Generationen von Milliarden Menschen vor uns und auch wir mussten und müssen sterben, um neuem Leben Platz zu machen, um das Leben selbst regenerieren zu lassen. Was soll da, so fragt man sich, dieser Hokuspokus von der Erweckung einer Toten?

Lesen wir erst einmal den Originaltext, den Markus so knapp und literarisch dicht formuliert:

Markus 5,35–43: Die Tochter des Jairus

Während er noch redet, kommen sie vom Synagogenvorsteher und sagen: Deine Tochter ist gestorben. Was behelligst du noch den Meister? Jesus aber, der das Gespräch mit angehört hatte, das da geführt wurde, sagt dem Synagogenvorsteher: Fürchte dich nicht. Hab nur Vertrauen! Und er ließ niemanden als Begleiter mit sich kommen, außer Petrus, Jakobus und Johannes, den Bruder des Jakobus. So kommen sie zum Haus des Synagogenvorstehers. Da vernimmt er Lärm und wie sie weinen und heftig wehklagen, und er geht hinein und sagt ihnen: Was lärmt und weint ihr? Das Kind ist nicht gestorben, es schläft nur. Da verlachten sie ihn. Er aber warf sie alle hinaus, nimmt den Vater des Kindes und die Mutter und seine Begleiter und geht hinein, wo das Kind war. Und er fasst die Hand des Kindes und sagt ihr: Talitha kum, das heißt übersetzt: Mädchen, ich sage dir: steh auf! Und gleich stand das Mädchen auf und ging umher; es war nämlich (schon) zwölf Jahre alt. Und gleich gerieten sie außer sich, ein großes Außersichsein. Und er gebot ihnen streng, niemand dürfe das erfahren, und er sagte, man solle ihr zu essen geben.

Walther H. Lechler bekennt: *Heute habe ich mit dieser Erweckungsgeschichte keine Probleme mehr. Meine Erfahrung ist: Wir leben unter vielen Toten. Es gibt zahlreiche Menschen, die schein-*

bar das Leben meistern, die im Leben zurechtkommen, aber sie haben sich noch nie getraut, wirklich zu leben.

Kennen wir das nicht von uns selbst? Ich habe, um einer Norm zu entsprechen, um in eine Gesellschaftsschicht hineinzupassen, den Verzicht geleistet, meinen Bedürfnissen entsprechend zu leben. Ich wusste, wenn ich das nicht tue, gehöre ich nicht zu meiner Familie, zu meiner Glaubensgemeinschaft, zu meinem Dorf oder zu meinen Parteigängern. Ich gehöre ja den meisten dieser Gruppierungen nur so lange an, als ich keine Zweifel an ihnen äußere. In dem Moment, in dem ich hinterfrage und kritisch werde, gehöre ich nicht mehr dazu. Ich bin dann schnell ein Ausgestoßener.

Das Mädchen, von dem hier die Rede ist, wurde als Tochter des Synagogenvorstehers in eine bestimmte Herrschaftsschicht hineingeboren. Es ist aufschlussreich, dass wir von der inneren Identität der jungen Frau überhaupt nichts erfahren. Sie ist eine Tochter und sie ist das Kind eines Synagogenvorstehers, also einer hochrangigen Persönlichkeit. Offensichtlich musste sie den öffentlichen Vorstellungen entsprechend leben, die sich um solch eine

Amtsperson ranken. Die Tochter eines Synagogenvorstehers hat den strengen talmudistischen Regelwerken zu entsprechen. Darf sie ein freies Leben führen? Darf sie Zweifel äußern? Darf sie flirten, ihre Erotik leben, an jungen Männern Freude haben, tanzen, ausgelassen sein, wilde Lust empfinden? Auf keinen Fall. Da sei „Gott" bevor!

Dabei ist sie längst kein Kind mehr. Mit zwölf Jahren ist sie als Hebräerin der damaligen Zeit eine geschlechtsreife junge Frau, *mannbar*, wie es so patriarchalisch heißt. Trotzdem wird sie ausschließlich als die Tochter des Synagogenvorstehers wahrgenommen.

Was mit der Tochter des Jairus in den wenigen Jahren ihres jungen Lebens geschehen ist, ist wohl etwas, was vielen von uns zugefügt wurde. Es ist die Fortsetzung von der Geschichte der blutflüssigen Frau. Sie hat nie über sich selbst bestimmt. Sie musste die Gesetze befolgen. Der Synagogenvorsteher, so ist zu vermuten, hat seine Kinder in einer Art unbeirrbaren Rigidität erzogen. Natürlich meinte er es gut mit ihnen.

Im Gespräch erinnert Walther Lechler an den berühmten Leipziger Arzt und Reformpädagogen Daniel Gottlob Moritz Schreber (1808–1861), der als großer Philanthrop im allgemeinen Gedächtnis geblieben ist. Mit seinen Schrebergärten schuf er für die Minderbemittelten des 19. Jahrhunderts „Armengärten", die den geschädigten Arbeiterkindern ein unbeschwertes Spielen in Licht und Luft und gesunde Nahrung durch Gemüseanbau ermöglichen sollten. Denn in Deutschland führten die Folgen der industriellen Kinderarbeit, aber auch schlechte Ernährung und lichtarme Wohnungen, zu einer derartigen Verelendung des proletarischen Nachwuchses, dass beispielsweise die preußischen Rekrutierungsärzte bis zu einem Drittel der jungen Männer als militäruntauglich ablehnen mussten.

Zur Propagierung seiner Ideen schrieb Daniel Schreber eigens ein Buch mit dem umständlichen Titel *Kallipädie oder Erziehung zur Schönheit durch naturgetreue und gleichmäßige Förderung normaler Körperbildung, lebenstüchtiger Gesundheit und geistiger Veredelung*. Schreber quälte die schwindsüchtigen Jungen und Mädchen seiner Zeit mit einem Schulterband für aufrechte Körperhaltung, den *Schreberschen*

Geradehalter. Der Arzt meinte es gut, aber er quälte auch seine eigenen Kinder so, dass sein Sohn in der Psychiatrie landete und zum klassischen Fall der psychoanalytischen Literatur wurde. Dieser Sohn bemerkte einmal bitter: *Indem mein Vater mich erzog, hat er mich umgebracht.*

Die meisten Eltern meinen es ja gut, wenn sie das weitergeben, was sie selbst pädagogisch empfangen haben und was sie für richtig halten. Aber „gut gemeint" ist das Gegenteil von gut. Wir werden alle auf ganz bestimmte Art und Weise und mit ganz bestimmten Vorstellungen erzogen. Oft sind wir dann nicht mehr in der Lage, diese Erziehungsmaximen zu überprüfen: Ob sie für uns genauso gültig sind wie für diejenigen, die glaubten, sie uns beibringen zu müssen. Wir wagen keine kritische Revision dieser Dressur, weil wir dazu nicht den Mut haben. Denn genau dieser Mut wurde uns während der Erziehung genommen. Kurz, wir stellen das Ganze nicht mehr in Frage. So sind wir dann die Opfer dieser frühen Vergewaltiger, die uns mit dem Schlachtruf *Wir wollen ja nur dein Bestes* missbrauchten. Der amerikanische Erzähler Mark Twain charakterisierte diese schwarze Pädagogik mit den sarkastischen Worten: *Erziehung ist organisierte Verteidigung der Erwachsenen gegen die Jugend.*

Kinder werden schrecklich oft zu Opfern dieser gnadenlosen, „gut gemeinten" Dressur. Dagegen forderte die Reformpädagogin Maria Montessori: *Die Aufgabe der Umgebung ist nicht, das Kind zu formen, sondern ihm zu erlauben, sich zu offenbaren.* Martin Luther traf in seinen *Deutsche(n) Schriften* das Wesen einer humanen Kindererziehung, die die Schönheit und Schöpferkraft des Kindes würdigt, mit den Worten: *Christus, da er Menschen ziehen wollte, musste Mensch werden. Sollen wir Kinder ziehen, so müssen wir auch Kinder mit ihnen werden.*

Unter dem Glassturz erdrückender Fürsorge und „Erziehungsziele" erstickt ein junger Mensch. Muss er denn eine Kopie des Vaters, des Synagogenvorstehers, und seiner vermutlich bigotten und würdevollen Ehefrau werden? Die Tochter des Jairus könnte, modern gesprochen, auch eine Pastorentochter, ein Juristensohn, das Kind eines Offiziers, eines Arztes oder eines Politikers sein. Sie sieht sich in ihren eigenen Lebenserwartungen total gebremst und in einem seelischen End- und Dämmerzustand. Sie drückt diesen Zustand dadurch aus, dass sie wie tot daliegt. Denn sie hat keine Hoffnung mehr, jemals ihr Leben so auszudrücken, wie die Fülle in ihr es verlangt.

In dieser kritischen Situation des *Seeleninfarktes* wird Jesus zum Tatort des Familiendramas gerufen. Jesus durchschaut die Tragödie der jungen Frau, wenn er die zunächst so rätselhaften Worte ausspricht: *Was lärmt und weint ihr? Das Kind ist nicht gestorben, es schläft nur.* Markus berichtet trocken: *Da verlachten sie ihn.*

Walther H. Lechler: *Dazu fällt mir eine Geschichte ein, die ich in der Klinik in Bad Herrenalb erlebt habe. Eines Tages traf Karla (Name geändert) bei uns ein. Sie stammte aus einer deutschstämmigen Sippe in Brasilien, die zu den führenden Familien des lateinamerikanischen Landes gehörte. Sie war in eine tiefe Depression gefallen. Was war passiert? Ihr Bruder Kurt hatte sich vor Jahren, zur Freude der katholischen Familie, entschlossen, Ordensmann und Priester zu werden. In dem strengen katholischen Milieu des Landes musste Karla sich als Schwester eines Klerikers „angemessen" verhalten. Sie konnte, ähnlich wie ihre Schwestern, nicht so frei leben wie andere brasilianische Mädchen und junge Frauen. Sie musste einem strengen Sittenkodex folgen. Zum Beispiel konnte sie zu keiner Festivität ohne Begleitung. Sie durfte nie allein ausgehen oder einen Freund haben.*

Da passierte etwas, was Karla bis auf den Grund ihrer Existenz erschütterte. Eines Tages trat Kurt (Name geändert) aus dem Orden aus. Er brach seine theologischen Studien ab und studierte Medizin. Nun kam Karla plötzlich zum Bewusstsein, dass sie viele Jahre ihres Lebens versäumt und nicht wirklich gelebt hatte. Sie, die brave Tochter, war eine Sklavin der strengen katholischen Etikette gewesen. Das machte sie depressiv. Kurt, der jetzt in Deutschland eine medizinische Fakultät besuchte, brachte Karla zu uns in die Klinik. Sie kam, wie die Tochter des Jairus, gleichsam als Tote an.

Es war ein langes Ringen mit Karla. Ich kann mich noch an die letzte Gruppe mit ihr erinnern. Ich spürte, dass ein Funken begonnen hatte, in ihr zu glühen. Sie erkannte, dass die harte Disziplinierung, der sie sich jahrelang unterzogen hatte, umsonst gewesen war. Karla trauerte bitter, aber sie begann, sich im positiven Sinn, wie ich es gerne formuliere, das Leben zu nehmen. Das heißt, sie begann, vorsichtig die Schönheit des Lebens, die allgegenwärtige Liebe, die Freude an sich selbst zu akzeptieren.

Doch dieser göttliche Funke war nicht von langer Dauer. Karla setzte ihrem Leben eines Tages ein Ende. Sie stürzte sich von einem der Felsen in Herrenalb in die Tiefe und war tot. Wir hatten keine Vorahnung davon. Karla hatte uns nicht gesagt, dass sie nach der wunderbaren letzten Sitzung in der Gruppe in die Depression zurückgefallen war. Hier ist die Erweckung bei all unserer Liebe und Berührung letztlich nicht gelungen. Das tut weh. Wir liebten Karla und waren alle zutiefst erschüttert.

Uns Menschen wurde mit der Geburt ein Funke ureigener Originalität mitgegeben, mit dem wir das Abenteuer Welt antreten durften. Wie können wir modernen Töchter und Söhne des Jairus diesen Funken zum Feuer der Wiedergeburt entflammen? Wie können wir verhindern, dass das Original unserer einzigartigen Persönlichkeit nicht zur Kopie gestylter Durchschnittlichkeit verhunzt wird? Edward Young sagt: *Wir werden als Originale geboren und sterben als Kopien.*

Ein Verlag, ein Haus, eine Philosophie

- ☐ Sie möchten weitere Bücher aus dem emu-Verlag kennenlernen – wir schicken Ihnen unser Verlagsprogramm.

- ☐ Sie sind interessiert an der Ausbildung ärztlich geprüfte(r) Gesundheitsberater/in GGB – wir senden Ihnen das Lehrprogramm zu.

- ☐ Sie sind interessiert an unseren Frauen- oder Männer-Selbsterfahrungsgruppen – Sie erhalten das Programm und die Termine unserer Therapeuten.

- ☐ Sie wollen sich über Gesundheitsfragen und Vollwerternährung informieren – fordern Sie ein Probe-Exemplar des industrieunabhängigen Monatsmagazins »Der Gesundheitsberater« an.

(kreuzen Sie Ihren Wunsch an)

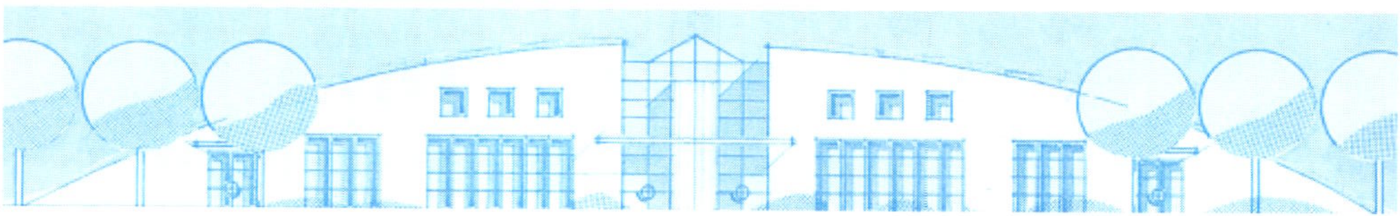

Bitte in deutlichen Druckbuchstaben!

Absender:

Bitte freimachen

emu-Verlags-GmbH

Dr. M. O. Bruker Haus

Taunusblick 1a

56112 Lahnstein

„Steh auf!“

Wer nicht stirbt,
bevor er stirbt,
der verdirbt,
wenn er stirbt.
Jakob Böhme (1575–1624)

Die Tochter des Jairus, so viel steht fest, musste konform zum Beruf ihres Vaters leben. Sie hatte nicht die Chance, das zu leben, was an vitaler geistiger Kraft, Lebendigkeit, Menschlichkeit und Fantasie in ihr angelegt war. Ein Mensch besteht niemals nur aus seiner Funktion und sozialen Positionierung, also lediglich Fabrikantensohn, Diplomingenieur, Fließbandarbeiterin oder Tochter eines Synagogenvorstehers zu sein.

Eugen Drewermann zeigt, wohin es führt, wenn die Töchter und Söhne des Jairus aus aller Welt dieser Außenlenkung erliegen und zu lebenden Toten werden. In *Das Markus-Evangelium* warnt Drewermann: *Am Ende hat man Menschen vor sich, die überhaupt nur noch als Hü-*

ter des Gesetzes, als Amtsträger, als Funktionierer des objektiven Geistes existieren, und in der Unlebendigkeit ihres Daseins verschmilzt die kränkende Grausamkeit des etablierten Systems der sozialen Angst mit der grausamen Krankheit ihres eigenen individuellen Zwangs. Leute dieser Art ersparen sich die Erschütterungen, die es sie kosten würde, Menschen zu sein, indem sie ihre ganze Selbstachtung und Wertschätzung an die Übereinstimmung und Ausführung bestimmter Rollen und Formen binden; sie existieren nicht als Personen, als Individuen, sie sind nur als Vollzugsorgane des Allgemeinen existent. Eben deshalb kann man mit ihnen auch nicht sprechen; es gibt buchstäblich keine andere Sprache, als die Sprache der Anweisungen – sie ersetzt ihnen die ganze Welt.

Jeder Kontakt mit dem wirklichen Leben bedroht diese Marionettenmenschen. Sie stellen sich tot wie gewisse Tiere beim Angriff eines übermächtigen Gegners. Immer wieder wachsen die Funktionäre, Gesetzesgeber und Zensoren nach, die, nach Art des Großinquisitors in Dostojewskis Roman *Die Brüder Karamasow*, die Schafherde der Unmündigen mit Zuckerbrot und Peitsche im Zaum halten.

Drewermann analysiert: *Diese Gruppe der*

Gesetzeslehrer, der Schriftgelehrten, der Pharisäer als Typen, ergänzt noch durch den politischen Ehrgeiz des Intrigantentums der „Sadduzäer", bildet die ewige Gegnerschaft jeder freien Meinung, jedes tieferen Gefühls, jeder menschlichen Regung von Mitleid, Fantasie und Kreativität. Es ist diese Gruppe, die wesensnotwendig auch das Wirken Jesu von Anfang an belauert und bespitzelt – die Inkarnation der Angst gegen die Inkarnation des Göttlichen im Menschen … Gerade umgekehrt gestaltet sich das Leben Jesu: es ist seine leise, sanfte Toleranz, die den schreienden Fanatismus, seine menschliche Weitherzigkeit, die den unmenschlichen Gesetzesglauben, seine universelle Liebe, die den engstirnigen Hass provoziert …

Die Tochter des Jairus war, wie viele von uns, ein Opfer der Loyalität. Alles, was ihrer gesellschaftlichen Rolle nicht entsprach, wäre ja ein Makel gewesen, der besonders den Vater getroffen hätte. Sie hätte damit auch die ganze Familie entehrt. Man weiß, dass solche Ehrbegriffe in arabischen Familien so stark ausgeprägt sind, dass, wenn eine Tochter durch vorehelichen Geschlechtsverkehr und Verlust ihrer Jungfräulichkeit die Familie „entehrt", ein Bruder ausgesucht wird, der die Schwester tötet, um die „Ehre der Familie" „zu retten". Die sogenannte Ehre der Familie steht höher als das Leben eines Menschen.

Es muss ja nicht gleich so dramatisch sein, der alltägliche sanfte Psychoterror genügt schon. Anthony de Mello erzählt eine witzige, aber doch ernsthafte Geschichte: Eine Frau wird gefragt: *Wie geht es Ihren Kindern? Gut*, antwortet sie, *der Arzt ist drei Jahre alt und der Rechtsanwalt fünf.* Da ahnt man etwas von dem normativen Druck und dem diktatorialen Impetus der Familie.

Wieder taucht in der biblischen Geschichte der Begriff des Schlafes auf. Die Tochter des Jairus flüchtet förmlich in einen Schlaf, der sich wie ein *Stupor*, eine totale Leib-Seele-Erstarrung, ausnimmt. Sie schützt sich durch diesen Totstellreflex vor weiteren seelischen Verstümmelungen. In ihr ist nur Angst und gesteigerte Panik. Jesus tut nun genau das, was in unserer Welt und der Welt der Therapie meistens fehlt: Er nähert sich ihr. Er schmeißt bei der Begegnung mit der jungen Frau alle Menschen heraus, die doch nur stören und bestimmen wollen, was für die junge Frau gut sein soll. Er nimmt nur drei Jünger mit und den Vater der „Toten“. Jesus tritt nahe an die Tochter des Jairus heran und berührt ihre Hand mit seiner Hand. Wieder geht es um Berührung. Jesus tut dies in der Sicherheit, dass er weiß, was mit diesem Wesen geschehen ist. *Talitha kum*, sagt er, *Mädchen, steh auf!*

Hier geschieht etwas, was für die junge Frau bis zu diesem Augenblick nicht möglich war. Hier steht, sagt Lechler, ein Mensch vor ihr, der, rückhaltlos in seiner ganzen Wesenheit, mit der Wärme seiner Hand ihr vermittelt: *Du, ich weiß, wie es um dich steht. Ich weiß, wie dein Weg jetzt weitergehen kann. Du kannst mir vertrauen. Du kannst dir selbst vertrauen. Es kann dir nichts passieren. Ich bin bei dir. Du bist bei dir.*

Jesus vermittelt ihr diese gewaltige Gewissheit, dass ihr Leben weitergeht, auch wenn sie bislang geglaubt hatte, es läge schon hinter ihr, sie sei seelisch am Ende. Das ist eine unerhörte Botschaft. Walther Lechler: *Bei den Anonymen Alkoholikern habe ich dieses Wunder der Erweckung von den Toten erlebt. Wenn jemand mit ungeheuren Ängsten und völliger Aussichtslosigkeit und der Scham, es könnte ihn jemand beim Eintritt in den Gruppenraum der Alkoholiker se-*

hen, kommt und endlich die Türe zur Gruppe öffnet, da stehen immer Menschen auf und sagen: Du bist hier richtig. Wir warten auf dich. Du bist herzlich willkommen. Du kannst dich an uns immer wenden, wenn du Hilfe brauchst. Komm herein. Wir werden dich so lange lieben, bis du imstande bist, dich wieder selbst zu lieben.

Das ist das Größte, das einem Menschen passieren, kann, dieses Empfangenwerden in einem Moment, in dem er darauf gar nicht mehr hoffen kann. Wo er „tot“ ist, wird ihm wieder Leben eingeflößt. Er erlebt die Innigkeit einer Erfahrung, durch die die anderen schon gegangen sind.

Hier ereignet sich das *Stirb und Werde* (Goethe) des Lebensprozesses. Der Dichter Jakob Böhme hat dies in einem der schönsten und tiefsinnigsten Sprüche der deutschen Mystik formuliert: *Wer nicht stirbt, bevor er stirbt, der verdirbt, wenn er stirbt.* Sterben in diesem Sinn heißt, mit dem alten Leben zu kapitulieren, es bedingungslos aufzugeben. Wir alle müssen immer wieder herausspringen, das alte Leben aufgeben. Wir müssen sterben, um in etwas Neues hineingeboren zu werden.

Das macht uns furchtbar Angst, denn wir

glauben, dass das unser Leben ist, was wir gerade leben. Das aber ist nicht das Leben. Zum Leben werde ich aufgefordert. Dazu werde ich angerufen. Ohne Netz können wir springen. Es kann uns überhaupt nichts passieren. Es fällt uns kein Haar vom Kopf. Es fällt, um es biblisch zu formulieren, kein Spatz vom Himmel, der nicht gezählt ist.

Die Tochter des Jairus ist tatsächlich daran, seelisch zu verderben, weil sie ihre falsche Rolle als hohe Klerikertochter nicht aufgeben (sterben lassen) darf. Die Eltern hindern sie, aus dem alten Spiel auszusteigen, sie selbst zu werden, ihren Auftrag zu erfüllen. Uns geht es nicht anders als dieser Frau. Wir tun uns unendlich schwer, diese notwendigen Tode mitten im Leben zu sterben, um neu aufzuerstehen. In dem, was wir erworben haben, finden wir eine gewisse Sicherheit. Da ist eine Geborgenheit, die uns auch vor dem Gedanken an den Tod schützt. Schiller sagte: *Was du ererbt von deinen Vätern hast, erwirb es, um es zu besitzen.* Aber im Prozess des Lebens kommt der Mensch dazu, dem Ererbten die alte hohe Wertigkeit abzuerkennen.

Wenn wir gelernt haben, im Leben immer

wieder auf etwas Neues hinzusterben, dann verliert auch das letzte und große Sterben seinen Schrecken. Wir müssen, wie Lechler es in einer Broschüre der AA las, unser Leben tragen *wie ein loses Gewand.* Ganz leicht, damit wir immer wieder Abschied nehmen können. Nicht wie eine Rüstung.

Tatsächlich bekommen wir dieses schöpferische Sterbenlernen nicht beigebracht. Das Leben selbst ist der Schulmeister. Die biblische Erzählung will uns zu dieser Lebenslektion aufrütteln. Sich vom alten Leben zu trennen, das kann schwere Konflikte heraufbeschwören. Das kennen wir alle. Da müssen sich eine Tochter, ein Sohn radikal von den Eltern trennen. Weil die Treue zu sich selbst wertvoller ist als die alte Treue der Familienbindung.

Eltern können das vielleicht gar nicht begreifen. Sie enterben das erwachsene Kind, weil es so aus der Reihe tanzt, weil die Erwartungen, die sie in das Kind gesetzt haben, von ihm nicht erfüllt werden. Der einstmals Dreijährige wird, um im Bild des Witzes zu bleiben, kein Arzt, der einstmals Fünfjährige kein Rechtsanwalt. Die Eltern haben Wünsche, die sie sich in ihrem eigenen Leben nicht erfüllten, an die Kinder delegiert. Das ist emotionaler Missbrauch.

Auch in unserer Elternrolle müssen wir Erwachsenen dieses Hinsterben erlernen. Wie der Synagogenvorsteher müssen wir unsere Tochter, unseren Sohn loslassen. Er verliert die Tochter als Kind, als Abhängige, als Produkt seiner formenden Strebungen. Nie mehr wird er das „Töchterlein" zurückbekommen, das so einfach zu handhaben, das angepasst und pflegeleicht war. Er hat es jetzt mit einer reifen Frau zu tun. Mit einer eigenständigen und möglicherweise sperrigen Persönlichkeit. Khalil Gibran sagt das mit wundervollen Worten in seinem Poem:

Der Prophet

Eure Kinder sind nicht eure Kinder.
Es sind Söhne und Töchter
von des Lebens Verlangen nach sich selber.
Sie kommen durch euch, doch nicht von euch;
und sind sie auch bei euch,
so gehören sie euch doch nicht.

Ihr dürft ihnen eure Liebe geben,
doch nicht eure Gedanken,
denn sie haben ihre eigenen Gedanken.
Ihr dürft ihren Leib behausen,
doch nicht ihre Seele,
denn ihre Seele wohnt im Hause von morgen,
das ihr nicht zu betreten vermöget,
selbst nicht in euren Träumen.

„Gebt ihr zu essen!“

Ach, Gott! ... Dass ich gelernt habe, dass wir hier sind, um einander zu lieben, einander zu vertrauen, füreinander zu sorgen, die Wahrheit zu sagen und zu erkennen, dass diese Wahrheit uns wirklich frei machen kann!

Jacqueline C. Lair,
in: J. C. Lair/W. H. Lechler:
Von mir aus nennt es Wahnsinn.
Protokoll einer Heilung

Es ist ein segensreicher Weg, den die Tochter des Jairus genommen hat, als die „Instanz Jesus“ zu ihr gekommen ist. Man könnte sogar weiter gehen und ketzerisch behaupten, vielleicht hat es Jesus gar nicht gegeben. Die ganze Geschichte spricht nur von dem, was in jedem Menschen ist und was in ihm erwacht. Jeder Mensch hat, so könnte die Moral von der Geschichte lauten, die Chance, das *Talitha kum* zu hören und aufzustehen.

Der Jesus in mir könnte auch meine innere Stimme sein. Das Geistige, was in jedem von uns ist. Sokrates hat es vierhundert Jahre früher das *daimonion*, die göttliche Stimme in ihm, genannt.

Wenn wir auf diese Stimme, den *inneren Arzt* in uns, lauschen, dann dürfen auch alte Bindungen, die uns zu fesseln drohen, verschwinden oder neue, leichtere Formen annehmen. An die Stelle des Elternhauses, der konfessionellen Gemeinschaft und der erdrückenden engherzigen Umgebung gewinnen wir dann mit neuen Menschen geistige *Wahlverwandtschaften* (Goethe). Wir denken das, was der christliche Philosoph Blaise Pascal (1623–1662) die *logique du coeur, die Logik des Herzens*, nannte, oder wie Bill W. es bezeichnete: *the language of the heart, die Sprache des Herzens.* Auf ihren internationalen Treffen verstehen sich die Anonymen Alkoholiker vorzüglich, obwohl sie Dutzende verschiedener Sprachen sprechen. Sie sprechen mit ihrem Lächeln, ihrer Offenheit und ihrer Wahrhaftigkeit in Wahrheit die eine und einzige Sprache des Herzens. Das ist das biblische Pfingstwunder der Liebe.

Die äußerlich so kleine biblische Geschichte um die Tochter des Jairus steckt voller blühender Sinnlichkeit. Als das Mädchen aufgestanden ist, sagt Jesus, man solle ihr zu essen geben. So einen kleinen Nebensatz überliest man leicht. Dabei ist er großartig. Er ist ein Beispiel für das Aufgehen neuer Lebenslust. Das Essen ist hier nach Lechler das Symbol für die Erkenntnis: *Ich darf wieder alles, was die Erde bietet, in mich und durch mich hineinnehmen. Die Erde wird mich wieder tragen. Sie wird mir Kräfte vermitteln. Ich bin wieder an der Quelle.*

Nicht umsonst enden auch die Märchen fast immer damit, dass die Heldin oder der Held am Ende der mühseligen Prüfungen zur festlichen Hochzeitstafel geladen wird. Da findet der Schmaus des Lebens statt. Da geschieht Vermählung mit der Liebe. Da ertönt das furiose *Vivat, er/sie soll leben!*

Sehr sinnlich ist auch die Schilderung, wie Jesus die Hand der jungen Frau berührt. Mit der Berührung hat Jesus natürlich auch einen tiefen Kontakt zu der jungen Frau hergestellt. Auch das steht nicht zufällig hier. Die Hände sind ja das, womit wir uns das zuführen können, was im Leben greifbar und für uns erreichbar ist. Was wir durch die Hände begreifen können. Unsere Hände sind ein großartiges Geschenk. Es gibt nichts Schöneres, als mit den Händen zu essen, wie die Araber. Vergessen wir nicht, die ganze Geschichte spielt sich im Nahen Osten ab.

Walther Lechler erinnert sich: *Ich wurde selbst von Arabern in ihre Zelte eingeladen, zum Kuskusessen. Weil sie mir als Europäer entgegenkommen wollten, gaben die Araber mir einen Löffel. Als ich den Löffel umdrehte, merkte ich, es war ein Löffel von der deutschen Luftwaffe. So holt uns die makabre deutsche Geschichte ein. Ich habe aber die Lust entdeckt, genauso wie meine arabischen Brüder, mit der Hand in den Topf zu langen, die Kuskusbällchen mit der Hand zu formen und sie mir in den Mund zu schieben.* Die Araber leben uns vor, wie unbefangen wir mit Berührung umgehen können. Wir Westler haben oft extreme Hygienevorstellungen und Bakteriophobie. Es gibt deutsche Küchen in Hotels, Sanatorien und anderen Einrichtungen, in denen müssen die Köche mit Handschuhen arbeiten! Als verunreinigten die bloßen Hände die Nahrung.

Der blutflüssigen Frau und der Tochter des Jairus ist, das lässt sich abschließend feststellen, vieles gemeinsam. Die ältere, gereifte Frau und die blutjunge Klerikertochter, die gerade an der Schwelle ihres Frauseins angelangt ist, haben sich verirrt. Sie sind missbraucht worden. Beide jedoch sind aufgewacht zu ihrer Bestimmung, zu ihrem Leben. Die Tochter des Jairus sehr früh, die blutflüssige Frau zu einem späten Zeitpunkt. Bei der Älteren ist die Krise in der Mitte des Lebens eingetreten. Diese Krise hätte zum totalen Scheitern führen können.

Es ist so viel Hoffnungsfrohes in beiden Geschichten enthalten. Die Botschaft ist eindeutig: Es gibt keinen Altersabschnitt, in dem dieses Wunder der Menschwerdung und Erneuerung nicht geschehen kann.

Walther Lechler erlebte, dass Menschen mit sechzig oder siebzig Jahren in seiner Klinik oder bei den Anonymen Alkoholikern ein völlig neues Leben gefunden haben. Sie erfuhren diese Wende, nachdem sie längst geglaubt hatten, es sei zu Ende mit ihnen. *Instant hope, sofortige Hoffnung*, gibt es immer. Es lohnt sich zu jedem Zeitpunkt des Lebens, in diesen Aufbruch zu gehen. Der Moment des Aufwachens ist in jeder Sekunde gegeben, ganz gleich, was in einem Leben gelaufen ist.

Walther H. Lechler: *Es kam zu mir in die Klinik eine 74-Jährige in einem Zustand der Depression, der Aussichtslosigkeit ihres Lebens. Doch sie fand wieder Lust am Leben. Sie hat sich dann entschlossen, nach dem Aufenthalt in Herrenalb eine Weltreise zu machen. Als ihre Familie davon erfuhr, standen eines Tages zwölf Angehörige in der Klinik. Sie hatten Angst, dass die alte Dame das ganze Vermögen durchbringt. Aber sie hat sich durchgesetzt, sie hat sich im positiven Sinne „das Leben genommen" und die Weltreise gemacht.*

Unsere Gesellschaft errichtet viele Barrieren gegen das Aufwachen aus dem tödlichen Schlaf des Herzens. So ist etwa unser Strafvollzug in seinem Kern nach wie vor mittelalterlich. Er ist bestimmt vom jüdisch-christlichen Glauben. Wir geben denjenigen, von denen wir glauben, dass sie sich gegen uns verfehlt haben, nicht die Chance, dass sie aufwachen können zu einem neuen Leben, nachdem es versaut war.

In jedem Menschen steckt diese Möglichkeit des Neuanfangs, gleichgültig, ob er jung oder alt ist, ob er gebildet oder „einfach gestrickt“ ist. Es kommt nur darauf an, etwas für die Gestrauchelten und Erniedrigten zu tun, dass sie wieder Hoffnung schöpfen können. Es ist grauenhaft, diese Art des verdammenden Strafvollzugs zu erleben, in dem Menschen nur die Schule der Kriminalität lernen, also das, was sie bisher vielleicht noch nicht wussten. Man möchte mit Cicero sagen: *Summum jus, summa iniuria, das höchste Recht ist zugleich das höchste Unrecht.*

Walther H. Lechler: *Ich selbst bin der Enkel eines bayerischen Strafvollzugsbeamten. Sehr früh habe ich mit meinem Bruder zusammen Gefängnisatmosphäre kennengelernt, auch den christlichen Gottesdienst. Auf der einen Seite saßen die „Guten“, auf der anderen Seite, in Sträflingskleidung, die „Bösen“. Der Pastor verkündigte die Drohbotschaft. Mein Großvater hat uns von Zelle zu Zelle geführt. Er hat die aufgeschlossen, die leer waren. Er zeigte uns die vielen Riegel und Schlösser an den Türen. Großvater ermahnte uns: Wenn ihr nicht dem Pfad der Tugend folgt, endet ihr hier!*

Dem gegenüber eröffnen die beiden Gleichnisse von der alten und der jungen Frau, die zum Leben erwachen, eine Frohbotschaft: Nur die Liebe ist es, die dem Menschen das Glück seiner eigenen Entfaltung mit all seinen Wagnissen zu gönnen vermag.

Ohne Liebe gibt es menschlich keine wirkliche Begegnung. Ohne die Liebe zu mir selbst sterbe ich mitten im Leben. Im liebevollen Sich-selbst-Annehmen und Von-Menschen-angenommen-Werden, öffnet sich der Himmel mitten auf Erden. Hoffen wir nicht auf ein Jenseits am Sankt-Nimmerleins-Tag. *Der Himmel ist*, wie der amerikanische Jesuit Edward Dowling formuliert, *einfach eine neue Brille*, eine neue Sicht, die ich im Leben bekomme.

Die blutflüssige Frau und die Tochter des Jairus sind unsere Schwestern. Sie sind schwach wie wir. Sie werden stark. Die Kraft der Liebe ist in jedem von uns angelegt. Wir können uns vorstellen, dass du, liebe Leserin, lieber Leser, dich im Lauf unserer biblischen Betrachtung mit den beiden Frauen vor zweitausend Jahren identifizieren konntest. Sie schenken dir die Einladung, den Mut zu haben, gegen alle Widerstände, auch rücksichtslos, nach dem Leben zu greifen, das dir geschenkt ist. Es ist das höchste Gut, das dir in der Sternstunde deiner Geburt geschenkt wurde.

Es gibt für den Menschen nur drei zentrale Ereignisse, sagt der Aphoristiker La Bruyère: *Geboren werden, leben und sterben. Aber er merkt, wenn er geboren wird. Er leidet, wenn er stirbt. Und er vergisst zu leben.*

Vergessen wir nicht zu leben. Pflegen wir die „Weltfrömmigkeit".

Walther Lechler rät: *Es gibt so viele Momente am Tag, wo du dankbar sein kannst – für deine Augen, deine Ohren, deine gute Verdauung, deine Arme, deine Beine … Wenn du dankbar bist, dann hast du gebetet.* Und: *Sich dem Leben öffnen, ist „fromm sein"*.

Anhang

Das 12-Schritte-(Stufen-)Programm

Nachstehend findet sich der Text des 12-Schritte-(Stufen-)Programms, das ursprünglich von den Anonymen Alkoholikern herkommt, übertragen auf emotionale Störungen. Es eignet sich deshalb auch für andere Störungen oder Symptomdominanten unterschiedlichster Art, weil es sich dabei nicht um ein Anti-Alkohol-Programm, sondern um ein Nachreifungsprogramm handelt. Nur der erste Schritt benennt die Störung als Ausgang (Kapitulation). Die weiteren elf Stufen beinhalten die Eröffnung eines spirituellen Genesungsweges zu einem nüchternen, erfüllenden Leben.

I. *Die Zwölf vorgeschlagenen Stufen der EA (Emotion Anonymous)*

1. Wir haben zugegeben, dass wir unseren Emotionen gegenüber machtlos waren, dass unser Leben nicht mehr zu meistern war.

2. Wir haben die Überzeugung gewonnen, dass nur eine Macht – größer als wir selbst – uns unsere geistige Gesundheit wiedergeben könne.
3. Wir haben den Entschluss gefasst, unseren Willen und unser Leben der Sorge Gottes, wie wir ihn verstanden, anzuvertrauen.
4. Wir haben von uns eine gründliche und furchtlose Gewissensinventur gemacht.
5. Wir haben Gott, uns selbst und einem anderen Menschen die genaue Art unserer Verfehlungen eingestanden.
6. Wir waren völlig bereit, alle diese Charakterfehler von Gott beseitigen zu lassen.
7. Demütig haben wir ihn gebeten, uns von unseren Mängeln zu befreien.
8. Wir haben eine Liste aller Personen aufgestellt, die wir verletzt hatten, und sind bereit geworden, dies wiedergutzumachen.
9. Wo immer möglich, haben wir diese Menschen entschädigt, es sei denn, sie oder andere würden dadurch verletzt.
10. Wir haben unsere persönliche Inventur fortgesetzt, und wenn wir unrecht hatten, gaben wir es sofort zu.

11. Durch Gebet und Besinnung haben wir versucht, unsere bewusste Verbindung zu Gott, wie wir ihn verstanden, zu verbessern, und haben um die Erkenntnis dessen gebeten, was er mit uns will, und um die Kraft, dies zu tun.
12. Nachdem wir durch diese Schritte ein spirituelles Erwachen erlebt hatten, versuchten wir, diese Botschaft weiterzugeben und diese Grundsätze auf all unser Tun anzuwenden.

Ein Verlag, ein Haus, eine Philosophie.

Millionen Bundesbürger kennen den kämpferischen Ganzheitsarzt Dr. Max Otto Bruker (1909–2001) aus dem Fernsehen, aus Vorträgen, durch den „Mundfunk“ überzeugter Patienten. Vor allem lesen sie aber die rund 30 Bücher des schwäbischen Humanisten und Seelenarztes. Mit einer Gesamtauflage von über drei Millionen Exemplaren ist Max Otto Bruker der wohl bedeutendste medizinische Erfolgsautor im deutschsprachigen Raum. Der – in der Nachfolge des Schweizer Reformarztes Bircher-Benner scherzhaft „Deutschlands Vollwertpapst“ genannte – Massenaufklärer, langjährige Klinikchef und Ernährungsspezialist lehrt zwei fundamentale Erkenntnisse Patienten wie Gesunden: Der Mensch wird krank, weil er sich falsch ernährt. Der Mensch wird krank, weil er falsch lebt.

Hinter den Erfolgstiteln des emu-Verlages steht ein bedeutender Forscher und Arzt, eine Bewegung, ein Haus und tausende Schülerinnen und Schüler. 1994 wurde das „Dr. Max Otto Bruker Haus“, das Zentrum für Gesundheit und ganzheitliche Lebensweise, auf der Lahnhöhe in Lahnstein bei Koblenz bezogen. Es stellt die äußere Krönung des Brukerschen Lebenswerkes dar: Der lichte Bau mit seinem Grasdach, den Sonnenkollektoren und den Wasserrecyclinganlagen, seinen Seminarräumen, dem Foyer mit der Glaskuppel und dem liebevollen Biogarten ist als Treffpunkt für all jene konzipiert, denen körperliche und seelische Gesundheit, ökologische und spirituelle Harmonie Herzensbedürfnis und Sehnsucht sind.

Hinter dem eleganten Halbmondkorpus verbirgt sich eine Begegnungsstätte für Gesundheitsbewusste, Seminarteilnehmer, Trost-, Ruhe- und Anregungsbedürftige.

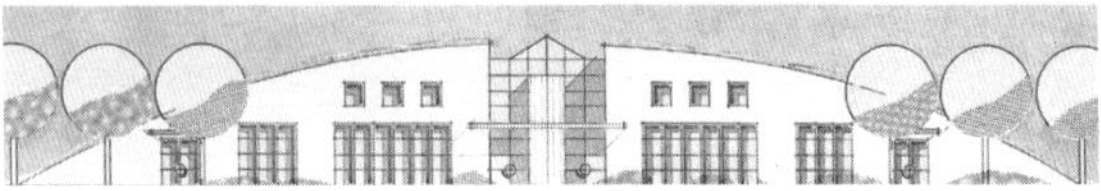

Das Dr. Max Otto Bruker-Haus

Feste Termine:

Jeden Dienstag, 18.30 Uhr: Vortrag Dr. phil. Mathias Jung (Lebenshilfe und Philosophie)
Jeden Mittwoch, 10.30 Uhr: Fragestunde mit Dr. Birmanns (Ärztlicher Rat aus ganzheitlicher Sicht)

Ausbildung Gesundheitsberater/in GGB Lebensberatung/Frauen-, Männer- und Paargruppen

Die vitalstoffreiche Vollwertkost hat ihre Verbreitung, auch im klinischen Bereich, durch die unermüdliche Information und praktische Durchführung von Dr. M. O. Bruker gefunden. Um die Erkenntnisse gesunder Lebensführung und die durch falsche Ernährung provozierte Krankheitslawine ins öffentliche Bewusstsein zu rücken, bildet die von ihm 1978 gegründete „Gesellschaft für Gesundheitsberatung GGB e. V." Gesundheitsberaterinnen und Gesundheitsberater GGB aus. Über 4000 Frauen und Männer haben bislang die berufsbegleitende Ausbildung bestanden und wirken in Volkshochschulen, Bioläden, Lehrküchen, Krankenhäusern, ärztlichen Praxen, Krankenversicherungen und ähnlichen Bereichen.

Auf der Lahnhöhe erhalten sie durch das GGB-Expertenteam nicht nur eine sorgfältige Grundlagenausbildung über die vitalstoffreiche Vollwerternährung und den Krankmacher der „entnatürlichten" (denaturierten) Zivilisationsernährung (raffinierter Fabrikzucker, Auszugsmehle, fabrikatorische Öle und Fette, tierisches Eiweiß usw.), sondern gewinnen auch Einblick in die leibseelischen Zusammenhänge der Krankheiten.

Anfragen zur Gesundheitsberater-Ausbildung wie zu den Selbsterfahrungsgruppen, Lebensberatung, Paartherapie und Psychotherapie bei Dr. Mathias Jung und weiteren Tages- und Wochenendseminaren sowie Einzelberatung sind zu richten an die Gesellschaft für Gesundheitsberatung GGB e.V., Dr.-Max-Otto-Bruker-Str. 3, 56112 Lahnstein (Tel.: 0 26 21/ 91 70 10, 91 70 17, 91 70 18, Fax: 0 26 21/91 70 33).

Fordern Sie ebenfalls ein kostenloses Probe-Exemplar der Zeitschrift „Der Gesundheitsberater" an!

Von Walther H. Lechler sind folgende Audiokassetten erschienen:

Wenn du nicht stirbst, bevor du stirbst
Wenn aber deine Hand dir Ärgernis bereitet
Gutenachtgeschichten zum Aufwachen
Die schweigende Gegenwart
Würd Christus tausendmal ...
Wir sind alle zur Hochzeit geladen
Sterben? Na und!
Von der Sehnsucht, endlich heimzukommen
Das Bad Herrenalber Modell
Ich liebe dich
Jakob am Jabbok
Die syrophönizische Frau
Die vielfältige Saat
Die Frau des Manoa
Der Arbeiter am Weinberg
Neu-Seh-Land
Die 3 Sprachen
Der Therapeut als Begleiter
Nicht die Droge ist's, sondern der Mensch
Das aramäische Vaterunser
Sensualität versus Sexualität
Der verlorene Sohn
Die blutflüssige Frau
Durch Leid dem Leid ein Ende setzen
Kein Stein wird auf dem anderen bleiben
Wenn ihr nicht umkehrt
Wenn ihr nicht werdet wie die Kinder

Zu beziehen über emu-Vertrieb, 56112 Lahnstein
Dr.-Max-Otto-Bruker-Str. 3
und Förderkreis für Ganzheitsmedizin, 76332 Bad Herrenalb
Sägwasenplatz 4

Von Dr. phil. Mathias Jung sind bisher im emu Verlag erschienen:

Gelbe Reihe

Märchen als Schlüssel zum Unbewussten. Mit seinem berühmten Kunstmärchen beschrieb Hans Christian Andersen bereits 1845 den Archetypus des unverstandenen Kindes und Außenseiters in all seiner Verzweiflung und Selbstpreisgabe. In seiner erzählerischen Parabel findet sich eine tiefe Vertrautheit mit den Abgründen und der fast unerschöpflichen Wandlungsfähigkeit der Kreatur Mensch.

160 Seiten. Gebunden
ISBN 3-89189-081-8

Blaue Reihe

Sokrates: Der Störenfried. Der Ortlose. Der Ironiker. Der Begriffsklärer. Der Kritiker des alten Götterglaubens. Die Hebamme des Guten. Sokrates: Der Erotiker. Der Schwule. Der schwierige Ehemann. Der Tapfere. Der Bezwinger der Todesfurcht. Der Nichtwissende.

176 Seiten. Gebunden
ISBN 3-89189-080-X

Rote Reihe

Rund 80 Prozent der Frauen und Männer in Deutschland leiden, laut Wickert-Institut, an Eifersucht.
In der krankhaften Eifersucht wird die Liebe zum Bürgerkrieg. Sie ist eine Sucht. Sie lässt sich nicht mit simplen Ratschlägen und Psychotricks bewältigen. Wie alle existenziellen Äusserungen wurzelt auch sie tief in den Schichten des Unbewussten.

112 Seiten. Gebunden
ISBN 3-89189-079-6

Rote Reihe

FreiRaum: Sich eigenen Raum nehmen zu können, das ist der entscheidende seelische Reifungsschritt. Frauen, aber auch Männer, müssen diese Frage unbedingt klären: Nur wer das Selbstbewusstsein aus einem eigenen Raum der *Identität* bezieht, wird auch den *Mut zum zivilen Ungehorsam,* zum *Ja und Nein in der Liebe* und in der Sexualität gewinnen.

168 Seiten. Gebunden
ISBN 3-89189-090-7

Blaue Reihe

Philosophie als Trost auf der stürmischen Seefahrt des Lebens: So versteht der römische Philosoph, Staatsmann und Multimillionär Lucius Annaeus Seneca (4 v. Chr.–65 n. Chr.) sein Denken.
Der hochgebildete Zeitgenosse des Jesus von Nazareth sieht das Leben illusionslos: *Wir schwanken und taumeln, werden gegeneinander gestoßen und gelegentlich erleiden wir Schiffbruch.*

144 Seiten. Gebunden
ISBN 3-89189-091-5

Sprechstundenreihe

Die Geschwisterbindung ist die längste Beziehung unseres Lebens. Sie ist nährend, schmerzhaft und voller Ambivalenzen: Zuneigung und Ablehnung, Unterstützung und Rivalität, Liebe und Hass.

300 Seiten. Gebunden.
ISBN-3-89189-082-6

Sprechstundenreihe

„Du sollst Vater und Mutter ehren", verlangt die Bibel. Aber was ist, wenn Eltern so tiefe Wunden gerissen haben, dass erwachsene Töchter und Söhne noch heute darunter leiden? Geht es um die Pflicht oder die Chance der Versöhnung? Wer soll den ersten Schritt tun? Wie könnte er aussehen?

332 Seiten. Gebunden
ISBN 3-89189-077-X

Sprechstundenreihe

Die Lebensmitte stellt uns vor unabweisbare Probleme und kühne Herausforderungen – ist meine Beziehung noch stimmig? Kann ich meine Kinder loslassen? Verdränge Ich mein Altern? Kann ich meine Endlichkeit akzeptieren? Was ist der Sinn meines Lebens?

256 Seiten. Gebunden
ISBN-3-89189-046-X

Sprechstundenreihe

Die Scheidung bedeutet nicht nur Scheitern. Sie ist Abschied vom Quälenden, nicht länger mehr Lebbaren: Aufbruch ins Neue, bislang Ungelebte.
Trennung ist eine der tapfersten seelischen Leistungen unseres Lebens. Denn sie ist schmerzhaft: Sie ist Amputation bei lebendigem Leibe – ohne Narkose.

300 Seiten. Gebunden
ISBN-3-89189-073-7

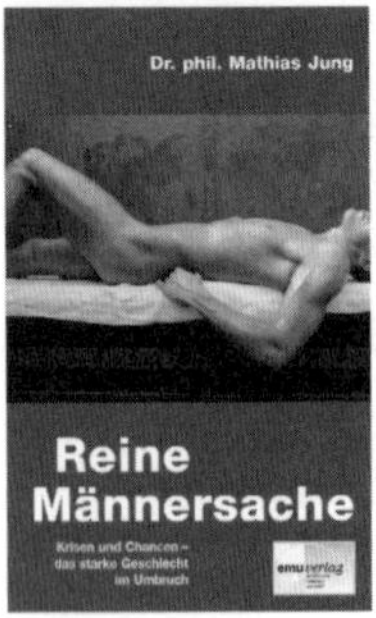

Sprechstundenreihe

Was sind wir Männer doch für'n lustiger Verein, sang Heinz Rühmann.
Tatsächlich stirbt der Mann sieben Jahre früher als die Frau, begeht dreimal so häufig Selbstmord, endet doppelt so häufig mit Leberzirrhose und Lungenkrebs und gilt als „emotionales Sparschwein". Ein Handbuch über den männlichen Seelenaufbruch.

180 Seiten. Gebunden.
ISBN-3-89189-043-5

Sprechstundenreihe

„Heiraten ist", so eine Bantu-Weisheit, „als stecke man eine Schlange in seine Tasche". Es ist gefährlich. Gefährlicher noch ist das Schweigen in der Beziehung, denn es ist das Schweigen *der* Beziehung.
Dass das sprachlose Paar wieder Worte findet, seine Wahrheit erkennt und sich entwickelt, darum geht es in diesem Buch.

248 Seiten. Gebunden
ISBN 3-89189-066-4

Sprechstundenreihe

Nichts fällt uns schwerer, als selbstbewusst unseren Weg zu gehen. Allzu oft ist uns schon als Kind der Eigen-Sinn gebrochen worden. Wie wir den lebenswichtigen „Mut zum Ich" gewinnen, dazu gibt Dr. phil. Mathias Jung, Jahrgang 1941, emotionale und intellektuelle Anstöße.

288 Seiten. Gebunden
ISBN 3-89189-070-2

Sprechstundenreihe

„Sucht – das hat doch nichts mit mir zu tun! Ich bin kein Alkoholiker! Ich bin nicht ess-brechsüchtig! Ich nehme keine Drogen!" So wehren die meisten von uns ab. Süchtig sind immer nur die anderen. Aber ist mir süchtiges Verhalten wirklich fremd? Gibt es keine Abhängigkeiten und keine Zwänge in meinem Alltag?

352 Seiten. Gebunden
ISBN-3-89189-076-1

Vom gleichen Autor erschienen folgende Vorträge als Audiokassetten im emu-Verlag

Lebensberatung
- Mein Charakter – mein Schicksal?
- Depression als Chance
- Das Verdrängte in unserer Seele
- Die Wunde der Ungeliebten
- Das Nein in der Liebe
- Was ist der Sinn des Lebens?
- Meine Sprache – meine Seele
- Söhne brauchen Väter
- Krankheit als Kränkung und Anpassung
- Eifersucht – ein Schicksalsschlag?
- Der Mann – ein emotionales Sparschwein
- Der kleine Prinz – mein verschüttetes Ich
- Geschwisterliebe – Geschwisterrivalität
- Verlassen und verlassen werden
- Neurodermitis – Fehlernährter Körper – Aufgekratzte Seele
- Froschkönig – Glück und Zähneklappern der Liebe
- Das verletzte Kind in mir oder Hans mein Igel
- Sein und Schein oder Des Kaisers neue Kleider
- Schneewittchen oder das Drama des Neides
- Das sprachlose Paar
- Zweite Lebenshälfte – Endlichkeit und Aufbruch
- Siddharta: das Rätsel des Lebens
- Das Drama der Trennung
- Ein Zimmer für mich
- Eisenhans oder Wie ein Mann ein Mann wird
- Mut zur Angst
- Das tapfere Schneiderlein oder Mut zum Leben
- Sexualität – Lust und Last
- Eigensinn oder Die Möwe Jonathan
- Außenbeziehung – Krise oder Chance
- Elternablösung – Hänsel und Gretel
- Liebesverträge in der Beziehung
- Lob der Einsamkeit
- Aggressionen unter Liebenden
- Mehr Zeit für mich
- Alkoholkrank: Der Betroffene und seine Familie
- Lebensbedingte Krankheiten nach Dr. M. O. Bruker
- Die Vater-Wunde
- Außenseiter – Das hässliche Entlein
- Befreiung der Weiblichkeit – Das Märchen Blaubart
- Tödliches Schweigen – Der Fischer und seine Frau
- Meditation: Freude – Angst – Hoffnung
- Alter und Tod. Rätsel der Natur
- Verzeihen und Versöhnen
- Frieden mit den Eltern
- Das Paar im Wandel: Jugend, Mitte, Alter
- Sexueller Missbrauch
- Seele – Sucht – Sehnsucht
- Organtransplantation – Sterben auf Bestellung?

Philosophie
- Sokrates oder Die Norm meines Gewissens
- Seneca oder Die Freude des Augenblicks
- Augustinus oder Der Zwiespalt
- Giordano Bruno oder Die neue Welt
- Descartes oder Der Januskopf der Wissenschaft
- Spinoza oder Das Abenteuer der Diesseitigkeit
- Hobbes oder Die Zähmung der Bestie Mensch
- Leibniz oder Die Beste aller Welten
- Voltaire oder Die Waffe des Geistes
- Kant oder Die Mündigkeit
- Hegel oder Der Fortschritt
- Feuerbach oder Die Sache mit Gott
- Marx oder Die Entfremdung des Menschen
- Schopenhauer oder Die Qual des Seins
- Nietzsche oder Die Hymne auf das Leben
- Heidegger oder Die Angst
- Jaspers oder Die Weltphilosophie
- Hannah Arendt oder Vom tätigen Leben
- Popper oder Die offene Gesellschaft